BIBLIOTHÈQUE SOCIALISTE

LE CHOMAGE

DEUXIÈME PARTIE

LES SUBVENTIONS DE L'ÉTAT AUX CAISSES SYNDICALES
LE DÉCRET DU 9 SEPTEMBRE 1905

PAR

F. FAGNOT

PARIS
SOCIÉTÉ NOUVELLE DE LIBRAIRIE ET D'ÉDITION
(LIBRAIRIE GEORGES BELLAIS)
17, RUE CUJAS

1905

SOCIÉTÉ NOUVELLE DE LIBRAIRIE ET D'ÉDITION

BIBLIOTHÈQUE SOCIALISTE

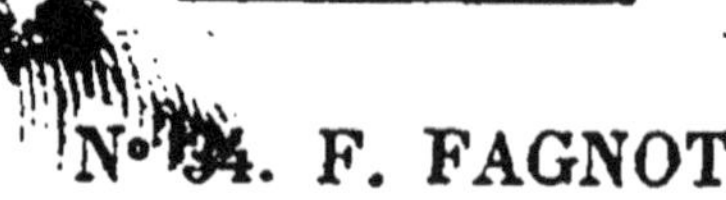

N° 34. F. FAGNOT

LE CHOMAGE

I

LE CHOMAGE

BIBLIOTHÈQUE SOCIALISTE. N° 35.

LE CHOMAGE

DEUXIÈME PARTIE

LES SUBVENTIONS DE L'ÉTAT AUX CAISSES SYNDICALES
LE DÉCRET DU 9 SEPTEMBRE 1905

PAR

F. FAGNOT

PARIS
SOCIÉTÉ NOUVELLE DE LIBRAIRIE ET D'ÉDITION
(LIBRAIRIE GEORGES BELLAIS)
17, RUE CUJAS

—

1905

LE CHOMAGE

CHAPITRE V

L'INTERVENTION DES POUVOIRS PUBLICS

Les pouvoirs publics doivent-ils intervenir en faveur des chômeurs et, dans l'affirmative, quel est le meilleur mode d'intervention ? L'examen de cette question nous permettra, chemin faisant, de juger par comparaison la valeur sociale et les résultats des divers groupes d'institutions présentées au cours des trois chapitres précédents. Quant à la solution du problème posé, elle se dégagera moins de nos propres arguments que du débat contradictoire qui s'est produit au Conseil supérieur du travail, en novembre 1903.

On sait que ce Conseil est ainsi composé : 8 membres du Parlement, 19 représentants des chambres de commerce, 19 représentants des syndicats ouvriers, 8 membres patrons et 8 membres ouvriers des conseils de prud'hommes, un délégué de la chambre de commerce de Paris, un délégué des bourses du travail, un délégué des associations de production et deux professeurs de la Faculté de droit de Paris. Les directeurs du ministère du Commerce participent aux travaux du Conseil ; ils ne prennent pas part aux votes. Les élus des syndicats étant des leaders du mouvement ouvrier et la représentation patronale étant choisie parmi les plus grands industriels de France, le Conseil supérieur est, sinon le Parlement du travail, comme on l'a dit, du moins l'assemblée professionnelle la plus autorisée de ce pays.

La question qui nous occupe fut soumise au Conseil supérieur du travail par M. Millerand, ministre du Commerce, dès qu'il sut que le système de Gand avait donné des résultats satisfaisants. Cette question, comme toutes les autres, fut l'objet, de la part de la Commission permanente du Conseil, d'un travail préparatoire approfondi : enquête, rapport et adoption d'un projet de résolutions détaillées. Quand le débat s'ouvrit devant le Conseil, les deux éléments de celui-ci étaient en mesure de se prononcer en pleine connaissance de cause et, en tout cas, savaient les concessions réciproques qu'ils devaient se faire pour aboutir.

Le principe de l'intervention des pouvoirs publics. — Sur le principe de l'intervention des pouvoirs publics en faveur des chômeurs, l'accord était sinon complet, du moins très avancé, l'élément patronal ayant admis cette intervention et l'un de ses membres les plus influents, M. Touron, représentant de l'industrie du coton, sénateur de l'Aisne, s'étant chargé de soutenir devant le Conseil les conclusions de la commission permanente.

La question de principe donna cependant lieu à un débat dont il faut retenir les points essentiels.

M. Isaac, représentant de l'industrie de la soie, président de la Chambre de commerce de Lyon, a défendu avec force la thèse de l'épargne individuelle. « Le remède au chômage, c'est l'épargne ; que cette épargne soit canalisée dans des caisses d'épargne, institution que vous pouvez considérer, si cela vous plaît, comme aristocratique, ou dans des caisses spéciales contre le chômage, cela n'a pas grande importance. . . . .

« Vous avez entendu exposer la thèse de l'étatisme ; en regard de cette thèse, nous voulons exposer celle de l'initiative privée que nous considérons comme beaucoup plus féconde que l'autre. Si un homme souffre du chômage, c'est en lui-même qu'il doit trouver, non pas si vous voulez tous les secours nécessaires pour remédier à sa situation, mais tout au moins la volonté de lutter et le commencement du remède [1] ».

Quand l'ouvrier est atteint par le chômage, c'est, dit-on, sur lui-même qu'il doit d'abord compter. Nous croyons que dans la situation si pénible qu'il subit sans en être responsable, le

---

[1]. Conseil supérieur du travail, 12e session, nov. 1903, pp. 10 et 11.

chômeur peut légitimement faire appel au concours de la société et qu'il a quelque droit de compter sur ce concours. Ce n'est pas la faute de l'ouvrier si la production industrielle est encore fort mal réglée ; si, à des périodes de travail abondant, succèdent des périodes d'accalmie ou de chômage. Ce n'est pas la faute de l'ouvrier si une nouvelle machine bouleverse et quelquefois supprime son métier, si un caprice de la mode le condamne à l'inaction. Ce n'est pas non plus sa faute s'il n'a pas la sécurité du lendemain, s'il n'est embauché que pour un coup de main, une journée, même pour quelques heures. Dans toute la mesure où l'ouvrier n'est pas responsable du chômage, c'est un devoir étroit pour la société de le soutenir — et de le soutenir sous une forme sauvegardant pleinement son indépendance et sa dignité.

Quant à l'épargne individuelle, elle est radicalement impuissante, dans la généralité des cas, à prémunir l'ouvrier contre les effets du chômage. « Je ne suis pas un statisticien, déclare le citoyen Coupat, secrétaire de la Fédération des mécaniciens, mais je voudrais qu'on examinât les professions dans lesquelles on peut faire des économies, qu'on recherchât si, dans certaines professions de luxe, il est des ouvriers qui chôment et qui ont pu économiser suffisamment pour vivre pendant cette période de chômage, et s'il en est de même pour les professions où le salaire suffit à peine à l'alimentation de l'ouvrier et à l'entretien de sa famille. Il y a, en effet, des ouvriers qui ont un salaire de 18 francs par semaine ; est-il possible d'économiser dans ces conditions ? » [1]

En admettant que l'ouvrier ait pu faire quelques économies et qu'il les ait déposées dans une caisse d'épargne, quel secours peuvent-elles lui assurer au moment du chômage ? Un secours tout à fait insuffisant, parce que le caractère individuel de cette épargne lui ôte toute efficacité réelle. Au contraire, si l'ouvrier a employé ses maigres économies à payer des cotisations à une caisse de solidarité, il recueillera au moment du chômage le fruit de son effort, de son épargne, si l'on veut. Dans la Fédération des mécaniciens anglais, le chômeur peut recevoir jusqu'à 500 francs d'indemnités par an, contre une cotisation moyenne, pour le service du chômage, de 21 francs ou 1 fr. 75 par mois. Autre exemple : En 1904, dans la Fédération du livre de notre pays, les 1,549 chômeurs ont reçu 58,500 francs ou 38 francs chacun en moyenne. Ayant payé une cotisation moyenne de 6 fr. 35 [2], ils ont donc reçu six fois plus qu'ils n'ont versé. En un mot, l'épargne est à peu près stérile, parce qu'individuelle ; l'adhésion à l'œuvre de solidarité, c'est-à-dire l'accomplissement du devoir social, est seule capable de garantir l'ouvrier contre les conséquences du chômage.

« Les patrons, dit le citoyen Keufer, s'oppo-

1. C. S. du T., 12ᵉ S., p. 15.

2. Cette cotisation moyenne couvre la dépense du viaticum et celle du chômage. Pour ce dernier service seulement, une cotisation de 5 fr. 35 par membre et par an aurait suffi à couvrir la dépense.

sent presque toujours à l'intervention de l'Etat, marquant leurs préférences pour les œuvres privées. Je ne suis pas non plus un admirateur du concours de l'Etat, je ne crois pas à la constante efficacité de ce concours ni à l'intervention providentielle du Parlement. Cependant, dans les conditions économiques où nous vivons, la famille ouvrière se trouve dans une situation excessivement pénible par suite des transformations industrielles dont j'ai parlé et qui n'existaient pas il y a cinquante ans. De nombreux abus se sont révélés et les ouvriers ne sont pas en mesure de se défendre contre une telle situation. C'est pourquoi, tout en n'étant pas un partisan absolu de l'intervention de l'Etat, je reconnais qu'il y a des circonstances où cette intervention devient nécessaire ; il y a une question de mesure à observer suivant les conditions dans lesquelles se trouvent ceux qui doivent être protégés. » [1]

M. Arthur Fontaine, directeur du travail au ministère, résume en quelque sorte le débat sur la question de principe : « Il est incontestable que, actuellement, parmi les causes de chômage accidentel, l'une des principales est le perfectionnement continu de l'outillage industriel. On en a donné des exemples frappants pour l'imprimerie, pour le tissage ; on pourrait en donner d'autres pris dans la plupart des autres industries. Ce développement de l'outillage est un bien en soi et, aujourd'hui, on ne

---

1. C. S. du T., 12ᵉ s., p. 50.

songe plus à nier que toute la société en profitera, y compris l'ouvrier. Ce développement permettra à l'ouvrier d'accroître ses consommations et de réduire la durée de son travail. Mais au moment même où se produit le changement d'outillage, il est certain que les ouvriers souffrent très souvent de ce progrès ; un grand nombre d'entre eux sont mis sur le pavé et, pendant quelques semaines, quelquefois pendant de longs mois, ils sont hors d'état de gagner leur vie et dans l'impossibilité de subvenir à leurs besoins par les maigres économies qu'ils ont pu faire.

« Je ne dis pas que ce soit là la cause unique du chômage, je dis que c'est une des causes les plus intéressantes. Et c'est à raison des conséquences immédiates de ces perfectionnements que la société, à mon avis, doit intervenir.

« Puisque la société tout entière doit profiter du progrès réalisé par les inventions nouvelles, il n'est pas juste que pendant un temps assez long il y ait une catégorie de citoyens, les plus pauvres, qui souffrent seuls de la situation ; il est naturel que la société, qui recueille les bénéfices de l'application d'un outillage nouveau, ait l'obligation de pourvoir aux besoins des ouvriers privés de leur gagne-pain et à ceux de leur famille.

« Voilà les raisons théoriques qui font apparaître à mes yeux une obligation à la charge de la société. En dehors de cette obligation, il y a pour l'Etat une raison pratique d'intervenir, c'est que les grands centres de chômage sont les grands centres de misère et d'agitation ; c'est l'intérèt bien entendu de la société de ne pas laisser empirer un état de chômage et de misère. [1] »

Si le principe de l'intervention des pouvoirs publics en faveur des chômeurs n'avait pas été admis par la représentation patronale avant même l'ouverture du débat, les arguments présentés par ses partisans avaient une telle force qu'ils eussent triomphé sans doute dés résistances les plus vives. Ils ont d'ailleurs contribué à rallier l'unanimité des patrons comme des ouvriers sur le vote de la résolution suivante :

Le Conseil supérieur du travail est d'avis que la création et le développement d'institutions de secours contre le chômage sont désirables à tous égards et doivent être facilités.

L'assurance obligatoire contre le chômage. — A dire vrai, si les deux fractions du Conseil étaient d'accord sur le principe de l'intervention des pouvoirs publics, une profonde divergence subsistait entre eux. Tandis que les patrons n'admettaient que l'intervention du plus humble de ces pouvoirs, la commune, les ouvriers désiraient non seulement l'intervention de l'Etat, mais aussi l'institution par la loi de l'assurance obligatoire.

L'assurance obligatoire est, à première vue, la seule solution acceptable. En théorie, elle

1. C. S. du T., 12ᵉ S., p. 66.

résout le problème d'une manière radicale. Tout travailleur atteint par un chômage involontaire reçoit un subside, d'ailleurs minime, qui lui permet de vivre, lui et les siens, en attendant du travail. Comme l'ouvrier serait sans doute tenu de verser une prime régulière, son droit à toucher l'indemnité serait formel. Il n'invoquerait pas la charité, ni même l'assistance du corps social, c'est à l'assurance qu'il ferait appel pour traverser un moment difficile. La misère, avec ses déchéances physiques et morales, serait atteinte dans ses sources, le droit à la vie serait garanti.

En examinant l'envers de la médaille, il faut reconnaître que cette solution séduisante soulève des difficultés énormes, surtout si l'on se place au point de vue pratique.

La ville de Saint-Gall [1] a tenté d'établir l'assurance obligatoire. La tentative a totalement échoué. Il ne faudrait pas déduire de cette expérience malheureuse — dont le mécanisme comportait des imperfections que l'application a mise en pleine lumière mais qu'un observateur sagace aurait pu découvrir a priori, — que l'assurance obligatoire doit être condamnée comme pratiquement impossible. Cependant, il faut avouer qu'un système qui a échoué dans une ville de 30,000 habitants serait autrement difficile à faire admettre et surtout à faire fonctionner dans un pays comme la France comprenant plus de 5 millions de travailleurs.

---

1. Voir le fascicule précédent, p. 43.

On sait combien il est difficile de faire admettre par les Français le principe de l'obligation. Les patrons le combattraient d'autant plus vivement qu'il s'agit d'une charge qui ne peut être comparée, ainsi que l'a fait remarquer M. Touron, à celle qui résulte de la loi sur l'assurance contre les accidents du travail. Elle serait effectivement beaucoup plus lourde. Dans le cas à peu près certain où la loi ferait supporter une partie des charges de l'assurance par les ouvriers, ceux-ci repousseraient également l'obligation, d'abord parce qu'elle leur répugne, malgré les apparences contraires, et surtout parce que, vu l'insuffisance de leurs salaires actuels, ils soutiendraient que les charges doivent être entièrement supportées, soit par les patrons, soit par l'Etat.

Le fonctionnement de l'assurance obligatoire soulèverait, de son côté, des difficultés considérables. Comment assurer le contrôle et rendre la fraude à peu près impossible, ou seulement la contenir dans des limites raisonnables ? A l'inverse de l'accident, de la maladie ou de la retraite, aucun signe extérieur ne distingue le chômeur véritable de celui qui ne veut pas travailler. Comment déterminer la part contributive de chacun dans un système qui embrasserait non seulement les centres industriels, mais pour le bâtiment, par exemple, des milliers de petites communes ? Comment déterminer le taux de la cotisation patronale et ouvrière pour chaque profession ? On sait bien que l'intensité du chômage varie beaucoup d'une profession à l'autre, mais les renseignements ne permettent pas d'établir, même approximativement, un barème de primes d'assurances [1].

Le côté financier du problème constitue l'obstacle essentiel. D'après les indications contenues dans le premier chapitre, le nombre des chômeurs varie entre 300 et 440,000. Essayons d'évaluer la dépense qui résulterait de l'assurance obligatoire en raisonnant sur le plus petit nombre, soit 300,000.

En défalquant des 365 jours de l'année les dimanches et fêtes, les absences causées par la maladie, les voyages, etc., il reste environ 290 jours de travail par an. Il y a donc, pour 300,000 ouvriers, 87 millions de jours de chômage.

Un service d'assurance obligatoire comporterait certainement une limite au-delà de laquelle le chômeur n'aurait plus droit à l'indemnité. La statistique faite lors du recensement de 1896 donne, sur la durée du chômage, les proportions suivantes :

Chômage de moins de 9 semaines	60,0 p. 100
— de 9 à 12 —	11,5 —
— de 12 à 26 —	15,0 —
— de 26 à 51 —	3,0 —
— de 1 an et plus	10,5 —

On peut écarter le chômage durant plus de

1. M. Léon Marie, secrétaire général de l'Institut des actuaires français, déclare que les conditions techniques de l'assurance contre le chômage ne sont pas encore connues et que, par suite, « ce risque si grave est bien difficilement assurable. » (Voir son rapport sur les institutions de prévoyance à l'Exposition de 1900, classe 109, p. 55).

six mois chaque année, en supposant soit que les chômeurs rentrent dans la catégorie des malades ou des invalides, soit qu'ils gagnent leur vie par des travaux étrangers à leur profession. En réduisant ainsi de 13,5 p. 100 le total des jours de chômage, on obtient 75 millions 255,000 ou, en chiffres ronds, 75 millions.

L'indemnité peut être fixée à 2 francs par jour et l'on peut mettre la moitié de la dépense à la charge des ouvriers, un quart à la charge des patrons et un quart à la charge de l'Etat. Sur ces données, voici les résultats du calcul :

Part des ouvriers	75,000,000
Part des patrons	37,500,000
Part de l'Etat	37,500,000
Total	150,000,000

Si l'on abaisse l'indemnité à un franc par jour, on obtient :

Part des ouvriers	37,500,000
Part des patrons	18,750,000
Part de l'Etat	18,750,000
Total	75,000,000

D'après le nombre total des travailleurs (5,600,000), la prime ou cotisation pour chacun serait, dans le premier cas, de 13 fr. 40 par an ou 1 fr. 10 par mois et, dans le second cas, de 6 fr. 70 par an, soit 0 fr. 55 par mois. Cette cotisation est une moyenne générale ; elle ne tient pas compte, comme la justice l'exigerait, du coefficient de' risque dans chaque profession. Il est vrai que si les coefficients étaient connus et appliqués, la cotisation serait plus forte pour les uns et moins forte pour d'autres, ce qui la ramènerait toujours à la moyenne obtenue.

Ces évaluations n'ont qu'une valeur de raisonnement. Leurs éléments sont si incertains qu'une expérience ne manquerait pas de modifier les chiffres en plus ou en moins.

Sous cette réserve, on peut se faire une idée des résultats d'une assurance obligatoire qui laisserait la moitié de la dépense à la charge des ouvriers. Avec une cotisation obligatoire de 1 franc par mois dans un cas et de 50 centimes dans l'autre, payée par tous les travailleurs, les chômeurs recevraient 2 ou 1 franc par jour et la durée de l'indemnité serait de six mois chaque année [1].

Quant à la dépense supportée par l'Etat, elle est importante, mais elle n'a rien d'effrayant, si l'on considère sa haute destination sociale. Sur un budget annuel de plus de trois milliards et demi, un prélèvement de 18 ou même de 37 millions paraît chose possible, au moins théoriquement, même pour l'esprit le plus prudent. La moindre diminution sur le formidable chapitre des dépenses militaires et navales faciliterait singulièrement la solution financière du

---

1. Si la durée de l'indemnité était ramenée à trois mois au lieu de six, la dépense serait de 127,500 mille francs pour une indemnité de 2 francs par jour et de 63,750 mille francs pour une indemnité de un franc.

problème. En tout cas, on ne saurait taxer de pure chimère, en raison de ses conséquences financières, la proposition soutenue devant le Conseil supérieur du travail et tendant à établir, en France, l'assurance obligatoire contre le chômage.

La proposition fut soumise au Conseil par le citoyen Victor Dalle, membre du Conseil de la Fédération nationale des employés. « C'est parce que l'assurance nationale obligatoire peut atteindre tous les êtres humains, sans exception, que nous sommes partisans de son organisation. A l'égard des classes industrielles, vous savez quel est le nombre d'ouvrières qui séjournent dans les grandes villes et la durée des crises de chômage dont elles sont victimes; vous pressentez, dès lors, que le système des subventions n'est que provisoire, que c'est surtout un palliatif et que le système normal et juste c'est l'organisation obligatoire et totale de l'assurance [1].

M. Raoul Jay, professeur à la Faculté de droit de Paris, défendit le projet avec la plus ferme conviction. « Je suis, d'une façon générale, tous les jours plus convaincu que l'assurance ouvrière sera obligatoire ou ne sera pas. Pour l'assurance contre le chômage comme pour les autres formes de l'assurance ouvrière, tant que vous n'aurez pas décrété l'obligation, vous ne pouvez faire qu'une œuvre partielle; vous laissez de côté les plus intéressants [2]. »

1. C. S. du T., 12e S., p. 16.
2. C. S. du T., 12e S., p. 9.

L'assurance obligatoire fut résolument combattue par les membres patrons. « Mon opposition à une organisation centralisée, déclare M. Darcy, président du Comité central des houillères de France, est motivée par la nature des difficultés que présente la mise en pratique de l'assistance contre le chômage... Ce n'est pas tout de reconnaître le vrai chômeur ; il faut encore constater le degré de chômage ; il faut enfin que l'office de placement (car la caisse de chômage devra être doublée d'un office de placement) apprécie la capacité physique ou intellectuelle de son client, la légitimité de ses exigences en fait d'emploi et de salaire, et se mette ainsi en mesure de diriger et mesurer judicieusement son intervention.....

« Je ne pourrai pas m'associer au vœu par lequel on demande que le Gouvernement et le Conseil supérieur du travail mettent à l'étude un projet d'organisation nationale, parce que je considère dès à présent que ce projet est irréalisable ou, s'il était réalisé, qu'il aboutirait à un échec complet[1] ».

En sa qualité de rapporteur, M. Touron invite les ouvriers à abandonner le projet qu'il repousse avec tous ses collègues patrons. « Si vous voulez que nous ayons chance de nous entendre — et pour ma part je suis tout prêt à faire un pas en ce sens — ne nous demandez pas de vote de principe ; si vous exigiez une manifestation de principe, nous serions intransi-

1. C. S. du T., 12e S., pp. 61 et 63.

geants, nous ne pourrions admettre ni l'obligation, ni l'ingérence directe de l'Etat, pas plus dans le chômage que dans les autres questions. Si vous voulez mettre ce principe aux voix, on se comptera, mais je ne crois pas qu'il soit nécessaire de se compter une fois de plus, attendu que nous savons parfaitement que vous avez des principes absolument contraires aux nôtres[1] ».

Ecarter l'assurance obligatoire, c'est abandonner la seule solution complète, c'est par conséquent viser un remède partiel, fragmentaire. Comme l'ont fait remarquer plusieurs membres ouvriers et notamment le citoyen Guérard, secrétaire du Syndicat national des employés de chemins de fer, par une solution partielle on arrivera même « à ce résultat d'aider l'ouvrier qui a pu faire un effort, mais on ne fera rien pour celui qui est trop malheureux pour pouvoir épargner[2] ».

L'observation est parfaitement juste. En revanche, l'assurance obligatoire serait pour le mouvement syndical un véritable écueil. L'argument n'a pas été et ne pouvait pas être versé au débat. Pour faire fonctionner le système, la loi instituerait, soit une caisse centrale unique, soit plutôt des caisses régionales ou professionnelles plus ou moins analogues à celles qui existent, en Allemagne, pour l'assurance obligatoire contre la maladie. Dans ce régime,

1. C. S. du T., 12ᵉ S., p. 72.
2. C. S. du T., 12ᵉ S., p. 33.

que deviendraient, non pas seulement les caisses syndicales de chômage, mais les Fédérations et syndicats eux-mêmes? Tous les travailleurs étant inscrits dans une caisse officielle de chômage, dont la cotisation serait au minimum de 50 centimes par mois, ne voit-on pas que les syndicats auraient encore plus de mal qu'à l'heure actuelle pour faire pénétrer l'idée syndicale dans les masses ouvrières et surtout pour obtenir des adhérents le versement de la cotisation syndicale ? Si la loi ne plaçait pas en dehors de l'assurance obligatoire les ouvriers dont les Fédérations ou syndicats assurent ou sont susceptibles d'assurer un service normal de chômage — et on peut dire que tous les ouvriers qualifiés sont parfaitement capables, en France comme à l'étranger, d'établir ce service, — la loi sur l'assurance obligatoire porterait au syndicalisme le coup le plus terrible, car elle tarirait nécessairement la source de son recrutement.

La difficulté, dira-t-on, n'est pas insurmontable. Pour la vaincre, il suffirait de stipuler dans la loi que les caisses fédérales ou syndicales seront, pour leurs adhérents, assimilées aux organes officiels de l'assurance obligatoire. La difficulté reste entière, à notre avis, si on ne va pas jusqu'à la conséquence extrême du système, c'est-à-dire jusqu'au syndicat obligatoire. Et cette mesure extrême soulève un danger inverse, presque aussi grand que le premier. Sans avoir le temps de le démontrer — le sujet exigerait à lui seul tout un travail, — nous n'hésitons pas à dire que le syndicat obligatoire, à l'heure actuelle, nous parait dangereux pour l'idée syndicale elle-même, c'est-à-dire pour l'idée d'amélioration continue des conditions du travail et pour la résistance nécessaire à tous les abus économiques. Comme le service militaire, le syndicat obligatoire aboutit à une caserne. Or, le syndicat ne peut atteindre ses fins qu'avec des volontés libres et des efforts conscients.

Ces conséquences ont été prévues en Allemagne où — nous l'avons indiqué dans le chapitre II, — l'assurance obligatoire compte de nombreux partisans. La question a été traitée à fond par le IVᵉ Congrès des Fédérations (gewerkschaften) qui eut lieu à Stuttgart, en juin 1902. Sur le rapport du citoyen von Elm, le Congrès a adopté, par 147 voix contre 8, une résolution dont voici les dispositions caractéristiques :

Le Congrès estime du devoir de l'Empire, des Etats et des communes d'allouer aux ouvriers des secours pour tout chômage qui n'est provoqué ni par des grèves, ni par une faute personnelle grossière.

Cette assistance-chômage né doit pas avoir le caractère d'une aumône ou d'un secours de charité, ni entraîner un amoindrissement des droits civiques du travailleur . . . .

Le Congrès repousse tout système d'assurance-chômage fondé sur une autre base que sur le principe de l'administration autonome par les travailleurs et de l'allocation d'une subvention par le Trésor impérial aux associations professionnelles, centrales ou locales, qui donnent des secours en argent aux chômeurs soit sur les lieux où ils sont fixés, soit dans leurs déplacements.

Les frais de la subvention à l'assurance impériale contre le chômage seront couverts, moitié par les fonds d'Empire, moitié par les ressources des corporations industrielles (patronales) de l'assurance contre les accidents. Suivant les exigences des divers métiers, l'Office impérial de l'assurance fixera les cotisations à acquitter par les corporations qui les recouvreront par voie d'impositions sur les patrons.

Le Congrès recommande aux syndicats, comme étant la condition première d'une telle subvention de la part de l'Empire, l'organisation ou, suivant le cas, le développement de l'assurance-chômage, afin de donner ainsi à la subvention d'Etat la base indispensable pour l'organisation pratique de cette assurance [1].

Le sens de cette résolution est très net. Le syndicalisme allemand repousse formellement toute assurance qui ne consisterait pas en une subvention de l'Etat au profit des caisses de chômage des Fédérations et syndicats ouvriers.

Au Conseil supérieur du travail, les délégués ouvriers demandaient seulement la mise à l'étude de la question. Devant l'opposition irréductible des patrons, recherchant avant tout un résultat pratique, « quelque chose de tangible », selon le mot du citoyen Coupat, les ouvriers abandonnèrent finalement la proposition relative à l'assurance obligatoire.

L'intervention de la commune. — Les patrons ayant admis l'intervention des pouvoirs publics

---

1. Louis Varlez : *Les Formes nouvelles de l'assurance contre le chômage*, p. 148.

et les ouvriers ayant abandonné l'assurance obligatoire, la discussion était ainsi débarrassée des deux questions de principe en sens contraire, et l'on put aborder les questions pratiques avec beaucoup plus de chances de trouver un terrain commun.

Les patrons acceptant les subventions de la commune, pour les caisses locales, les ouvriers n'avaient qu'à constater ce premier point et, à l'unanimité, la résolution suivante fut adoptée :

Le Conseil supérieur du travail émet le vœu que les caisses locales de secours contre le chômage soient subventionnées par les municipalités.

La commune peut-elle subventionner indistinctement toutes les caisses locales, qu'elles soient fondées par des ouvriers, des patrons ou des philanthropes ? La commune peut-elle fonder elle-même des caisses de chômage, avec ou sans le concours financier des philanthropes de la localité ? En d'autres termes, quels sont, d'après les expériences faites, le ou les types de caisses donnant les meilleurs résultats ?

Les documents résumés dans les trois chapitres précédents — documents dont la plupart étaient alors connus des membres du Conseil supérieur — permettent de répondre à ces questions et spécialement à la dernière.

Des institutions ayant, à des degrés divers, le double caractère communal et philanthropique ont été fondées et fonctionnent au prix de gros sacrifices à Berne, Cologne, Bâle, Venise et Bologne. Le nombre total des ouvriers protégés contre les effets du chômage par ces institutions n'atteint pas 5,000. La moitié environ d'entre eux participent chaque année aux secours de chômage ; ce qui signifie que ces institutions recrutent leurs adhérents parmi les ouvriers les plus exposés au chômage ou dans les professions où le chômage sévit régulièrement. Par voie de conséquence, le produit des cotisations ouvrières ne couvre que 20, 30, 40 p. 100 au plus des indemnités.

Si l'on place ces minces résultats en face de ceux des caisses ouvrières, la comparaison est tout à l'avantage de celles-ci. A Dijon, où les résultats sont très modestes, la subvention municipale a fait naître 11 caisses comprenant 560 adhérents. A Limoges, grâce à une subvention annuelle variant entre 4 et 6 francs par adhérent, plus de 3,000 ouvriers ont formé des caisses. Mais c'est à Gand que le régime des caisses subventionnées a prouvé sa supériorité sur tous les autres modes d'intervention. Dès la création du Fonds de chômage, des caisses ont été fondées dans la plupart des syndicats. Actuellement, 12,000 ouvriers sont garantis contre les effets du chômage dans cette seule ville industrielle. Pendant l'année 1904, les chômeurs ont reçu 63,000 fr. d'indemnités. Sur cette somme, 65 p. 100 ont été fournis par les ouvriers et 35 p. 100 par la subvention et, si l'on embrasse les résultats du système depuis quatre ans, on constate que les deux tiers de la dépense sont supportés par les ouvriers et un tiers par la ville.

Nous ne parlons que des caisses locales subventionnées. Quant aux caisses fédérales, après les chiffres cités pour l'Angleterre, l'Allemagne et même la France, leur supériorité est si évidente qu'il est inutile de la faire ressortir.

Il est facile de s'expliquer la supériorité de la caisse ouvrière, même simplement locale, sur toutes les autres institutions. Fondées par les associations professionnelles, dont elles sont des annexes, les caisses ouvrières recrutent ou peuvent recruter dans chaque métier tous les travailleurs, aussi bien ceux qui chômeront peu ou pas du tout que ceux qui manqueront de travail. Tous les adhérents versent la cotisation, tandis que les chômeurs seulement, 5, 6, 8 p. 100, reçoivent l'indemnité. La dépense, ainsi répartie, est relativement faible. Autre avantage, tout à fait essentiel. Grâce au caractère professionnel de la caisse ouvrière, le contrôle des chômeurs, lequel est aussi difficile que nécessaire, peut s'exercer et s'exerce effectivement avec une grande efficacité ; on peut même dire que ce contrôle mutuel est le seul vraiment sérieux. En un mot, la caisse ouvrière donne à tous égards de meilleurs résultats, parce qu'elle repose sur l'esprit de solidarité qui unit spontanément les travailleurs. Elle constitue un groupement naturel, en quelque sorte, alors que les institutions communales ou philanthropiques ne sont que des groupements artificiels.

La conclusion se dégage d'elle-même. La meilleure institution de secours ou d'assurance contre le chômage, celle qui constitue le type normal, c'est la caisse ouvrière, c'est-à-dire la caisse annexée à une Fédération ou tout au moins à un syndicat. L'intervention des pouvoirs publics doit donc consister, non à fonder de toutes pièces des institutions officielles à caractère facultatif, ni même à soutenir des institutions philanthropiques, mais à subventionner les caisses fondées et administrées par les associations purement ouvrières.

Les membres patrons du Conseil supérieur du travail n'ont pas contesté le mérite et les avantages des caisses ouvrières. Ils ont volontiers reconnu que ces caisses auront plus de succès que toutes les autres institutions et que, par suite, elles recevront la plus grande part des subventions allouées par les communes. Ils ont cependant demandé que la subvention municipale fût répartie, sur le pied d'égalité, non pas seulement entre les caisses ouvrières, mais « entre toutes les caisses de chômage existant dans la localité ». Forts des qualités propres à la caisse ouvrière et pour bien montrer qu'ils ne redoutaient aucune concurrence, les délégués ouvriers ont donné, sur ce point, entière satisfaction aux patrons.

L'entente fut presque aussi facile entre les deux éléments du Conseil en ce qui concerne le maximum de chaque subvention et les principales conditions d'organisation que les caisses doivent remplir. Les règles générales suivantes furent adoptées d'un commun accord :

1. La subvention doit être inférieure aux cotisations des membres participants ;

2. L'indemnité allouée aux chômeurs ne doit pas dépasser la moitié du salaire courant dans la profession ;

3. La durée de l'indemnité doit être fixée ;

4. La comptabilité des secours de chômage doit être distincte.

Le concours financier des patrons. — Le patronat doit-il donner un concours financier aux caisses de chômage ? Les membres ouvriers ont donné les raisons économiques et morales pour lesquelles les patrons doivent contribuer à alimenter les caisses. Les membres patrons n'ont pas du tout contesté la valeur de ces raisons et l'un d'entre eux, M. Isaac, a présenté la résolution suivante qui a été unanimement adoptée :

Le Conseil supérieur émet le vœu que les caisses locales reçoivent aussi des subventions des corps constitués, tels que : conseils généraux, chambres de commerce, syndicats patronaux, de même que des institutions d'épargne et de prévoyance générale établies dans certaines villes.

Une autre résolution, présentée par le citoyen Guérard et rédigée d'une manière plus précise, fut également votée par 22 voix contre 3, mais il y eut 29 abstentions. La représentation patronale s'est abstenue, jugeant qu'il n'était pas très correct, de la part du Conseil supérieur, ni même utile après l'adoption du vœu précédent, d'indiquer aux patrons leurs devoirs envers les caisses de chômage. La résolution est ainsi conçue :

Le Conseil supérieur estime qu'il est du devoir du patronat d'apporter son concours aux caisses de chômage.

Cette intervention financière des patrons dans les caisses de chômage soulève, à notre avis, de fortes objections.

Le patronat dirige l'industrie, dont il s'approprie tous les bénéfices. A ce double titre, il est pleinement responsable. C'est lui qui doit assurer à l'ouvrier la sécurité du lendemain. Comme le patronat est loin, à l'heure présente, de s'acquitter exactement de cette tâche, d'ailleurs lourde et difficile dans la pratique, sa responsabilité est certaine en ce qui concerne les sans-travail, et ce serait justice que la dépense d'entretien des chômeurs fût entièrement mise à sa charge. Dans une société socialément organisée, cette dépense ferait partie des frais généraux de l'industrie.

Voilà la conception théorique. Elle se heurte d'abord contre ce fait qu'il est difficile de déterminer d'une manière objective et certaine le véritable chômeur. De plus, pour appliquer la théorie et surtout pour atteindre au véritable but qui consiste à maintenir le nombre des chômeurs aussi près que possible du minimum, il serait indispensable de connaître le coefficient du risque de chômage pour chacune des professions, sinon pour les principaux centres industriels dans chaque profession. Avec le coefficient, la charge des patrons de chaque profession peut être calculée. En outre, si le nombre des chômeurs, dans un établissement donné, dépasse la moyenne de la profession, il sera possible de faire payer au patron une prime plus élevée. Sa responsabilité étant effective, il fera des efforts pour assurer du travail à son personnel. Quant aux chômeurs provenant des maisons qui disparaissent par décès, faillite ou autre motif, il serait pourvu à la dépense par un fonds commun de garantie.

Mais on aperçoit que ce système compliqué ne peut être institué que par une assurance obligatoire, dont il serait l'un des principaux éléments. Or, il ne s'agit plus d'assurance obligatoire. Nous sommes en présence de caisses de chômage, et de caisses de chômage fondées et administrées par les ouvriers. La question du concours du patronat se trouve complètement modifiée et dominée par l'impérieuse nécessité de respecter l'indépendance des caisses ouvrières. A notre avis, cette condition essentielle se trouve mieux remplie par la résolution adoptée par le Conseil supérieur, sur la proposition de M. Isaac, et consistant à demander des subventions, non à chaque patron, mais aux chambres de commerce, syndicats patronaux, etc. Encore ne serions-nous pleinement rassuré que si, contrairement à l'intention des membres patrons du Conseil supérieur, ces subventions des institutions patronales étaient versées à des caisses fédérales et non à des caisses locales. Quant à la subvention du patron isolé à la caisse locale, elle altère gravement l'indépendance des membres de celle-ci. Ce n'est pas tout à fait la caisse fondée par le patron, mais c'est une caisse locale ayant des membres honoraires, avec cette circonstance aggravante que ces membres honoraires sont les propres patrons des ouvriers qui font partie de la caisse.

Pour conserver son indépendance nécessaire, la caisse, surtout locale, peut accepter tout au plus des subventions des syndicats patronaux ; mais elle doit préférer la subvention des pouvoirs publics et plus encore celle de l'Etat que celle de la commune. Que si l'on veut, non sans raison, que les patrons contribuent directement à la dépense, il faut alors procéder par un impôt spécial dont le produit couvrirait en tout ou partie la subvention allouée par les pouvoirs publics.

L'intervention de l'Etat. — L'intervention de l'Etat a donné lieu devant le Conseil supérieur au débat le plus important. Les patrons estimaient être allés très loin en admettant la subvention de la commune, du département et des institutions patronales au profit de la caisse locale. Les ouvriers demandaient, en outre, la subvention de l'Etat, d'abord parce que plus générale et partant plus efficace, et surtout afin de favoriser la fondation et le développement des caisses fédérales, les seules vraiment normales, comme le prouvent les exemples de l'Angleterre, de l'Allemagne et, en France, la caisse de la Fédération du Livre.

L'indemnité de chômage n'est pas une fin en

soi. Le but à atteindre, c'est le placement du chômeur. A cet égard, la caisse fédérale offre, dans chaque profession, des facilités que la caisse locale, sauf exceptions, ne peut pas donner. Avec la caisse locale, 20 mécaniciens en chômage, à Lyon, épuiseront peut-être l'indemnité sans retrouver un emploi ; avec la caisse fédérale, les sections de la région feront effort pour leur trouver du travail, ne serait-ce que pour diminuer d'autant les frais communs à tous les adhérents.

Dans une caisse fédérale, la dépense pour chaque adhérent est beaucoup plus faible, parce qu'elle est répartie sur un grand nombre de membres habitant diverses localités. Les ouvriers d'une localité où il n'y a pas de chômage paient les chômeurs des localités moins favorisées. Dans une profession, et au même moment, la caisse locale de Marseille peut succomber sous les charges, alors que la caisse locale de Lyon est en pleine prospérité. Avec la caisse fédérale, les ouvriers se soutiennent automatiquement, en quelque sorte, d'un bout de la France à l'autre bout. Exemple : la caisse de la Fédération du livre comprend 10,912 membres disséminés dans 168 villes de France ; en 1904, 23 sections ayant 369 membres ont payé leurs cotisations, soit 2,343 francs, sans toucher en échange une seule indemnité. Inversement, de nombreuses sections ont touché beaucoup plus que le montant de leurs cotisations.

Au point de vue du contrôle, enfin, les caisses fédérales fournissent toutes les garanties. Elles doivent veiller à l'application stricte des statuts dans toutes les villes, afin de faire respecter les obligations des adhérents comme leurs droits. Elles sont obligées d'établir une véritable comptabilité, d'en publier les éléments et les résultats et il est impossible qu'elles puissent tromper l'Etat en vue d'obtenir une plus forte subvention, car il leur faudrait pour cela falsifier les comptes de leurs propres adhérents.

A la vérité, non seulement la subvention de l'Etat se justifie, mais elle ne devrait être répartie qu'entre les caisses fédérales, laissant aux communes le soin de soutenir les caisses locales. Si cette mesure peut paraître rigoureuse, étant donné l'état embryonnaire du mouvement, il faudrait au moins exiger que, pour participer aux subventions de l'Etat, la caisse locale soit professionnelle et qu'elle groupe au minimum 200 adhérents.

Ces considérations tirées de l'expérience ont été présentées au Conseil supérieur par plusieurs membres ouvriers. Le citoyen Briat, secrétaire du syndicat des ouvriers en instruments de précision, délégué des Bourses du travail, justifie la subvention de l'État et le citoyen Coupat montre que la caisse fédérale peut seule établir un service de viaticum pour les chômeurs en voyage. Reconnaissant l'utilité du service de viaticum, les patrons, par l'organe de M. Heurteau, représentant des entreprises de transport, directeur de la Compagnie du chemin de fer d'Orléans, font alors un pas vers la subvention de l'État. Ils proposent que des subventions de l'État soient allouées « aux caisses de chômage, syndicales ou autres, s'occupant de trouver des emplois aux chômeurs involontaires et dont l'organisation se prête à un contrôle efficace », ces subventions étant « destinées spécialement à concourir aux frais de déplacement des chômeurs et ne dépassant pas, pour chaque caisse, 50 p. 100 des indemnités de déplacement payées au cours de l'année. »

Ce premier résultat étant constaté par un vote, les ouvriers invitent les patrons à faire un pas de plus et à admettre la subvention de l'État pour les deux services des caisses fédérales, le service du chômage comme celui du viaticum.

M. Touron, pour justifier le refus des patrons, donne alors la raison la plus forte. Il rappelle que la proposition a été soumise au Conseil supérieur à la suite du succès obtenu par le système de Gand. Ce système repose sur le concours financier d'une commune au profit des caisses de chômage fondées par les syndicats de cette commune. C'est un système communaliste appliqué à des caisses locales. Or, les patrons ont admis sans réserve l'application en France du système de Gand.

Le fait est parfaitement exact. Mais un examen approfondi de la question fait apparaître, avec l'utilité de la subvention de l'État, l'insuffisance du système de Gand.

Le chômage provient en grande partie du régime économique et de ses grossières imperfections. Les indications contenues dans le premier chapitre ne laissent aucun doute à cet égard. On a peine à énumérer toutes les causes du chômage, tant elles sont nombreuses, complexes et variées. Elles varient avec la latitude comme avec l'industrie. Pour la même industrie, l'étendue et l'intensité du chômage n'agissent pas de même façon dans les divers centres de cette industrie. Enfin, dans la grande et moyenne industrie, les causes du chômage sont internationales, quelquefois planétaires et, pour le moins, nationales. Si la récolte du coton est mauvaise en Amérique, la filature et le tissage du coton qui, en Angleterre et en France, occupent les ouvriers par centaines de mille, subissent inévitablement une crise plus ou moins prolongée.

Il suffit de rappeler l'étendue et la complexité du problème pour montrer du même coup la fragilité, l'insuffisance de la digue que lui peut opposer la caisse locale soutenue par cette humble autorité publique appelée la commune. L'action locale ne peut résister à une crise industrielle ayant quelque gravité. Puis, encore une fois, l'indemnité de chômage n'est pas une fin, mais un simple moyen pour l'ouvrier d'attendre un emploi. Le but, c'est le placement du chômeur. Or, la caisse locale ne peut placer le chômeur puisque, dans la plupart des cas, il doit précisément quitter la localité pour retrouver du travail. Enfin, la caisse locale développe chez l'ouvrier un particularisme étroit, au détriment de la cohésion ouvrière. Pour ces motifs, d'ordre économique et d'ordre social, l'État doit subventionner les caisses, spécialement les caisses fédérales, car celles-ci sont les seules capables d'atténuer en partie les conséquences du chômage.

Pour déterminer le meilleur mode d'intervention des pouvoirs publics, des expériences étaient nécessaires. La ville de Gand a volontairement servi de laboratoire. Elle a ainsi rendu un très grand service. Mais les bons résultats de l'expérience ne nous obligent pas à la renouveler sur un terrain aussi limité. Ils nous commandent, au contraire, d'appliquer le système en terrain normal, c'est-à-dire à un grand pays industriel tout entier.

Quoi qu'il en soit, les représentants du Parlement au Conseil supérieur, lesquels ont suivi le débat avec le plus vif intérêt, apportent sans réserve leur concours aux ouvriers. Convaincus que la subvention de l'État est légitime et nécessaire, MM. Chaumet, Doumer, Dubief et Strauss engagent les patrons à l'admettre avec eux. M. Doumer dépose une proposition que M. Dubief soutient, mais leurs efforts échouent devant la volonté arrêtée des patrons.

Il faut reconnaître qu'en invitant les patrons à admettre la subvention de l'État pour les caisses fédérales, c'était beaucoup leur demander. La caisse fédérale ne se présente pas à eux sous le seul aspect d'un service de chômage bien organisé ; elle se présente aussi sous l'aspect moins agréable de la Fédération, c'est-à-dire de la concentration de la force syndicale.

Cependant, les patrons n'ont pas voté contre la proposition ; ils se sont abstenûs.

Le débat s'est terminé par l'adoption, à la majorité de 26 voix contre 3 et 20 abstentions, de la proposition de MM. Doumer et Dubief qui est ainsi conçue :

D'une manière générale, le Conseil supérieur du travail est d'avis que l'Etat doit intervenir dans la création et le développement des institutions de secours contre le chômage par des encouragements et des subventions.

Premiers résultats. — Les travaux du Conseil supérieur du travail, ses résolutions nettement favorables au système de Gand, comme aussi les publications émanant directement du fonds de chômage de cette ville, ne tardèrent pas à porter leurs fruits, non seulement au Parlement, mais aussi au sein des conseils municipaux de plusieurs villes de France.

Paris et Lyon furent les premières à examiner le moyen de venir en aide aux caisses de chômage.

A Paris, M. Bussat déposa, le 16 juillet 1902, une proposition tendant à l'ouverture d'un crédit de 100,000 francs. Sommairement examinée à plusieurs reprises, le Conseil municipal se borna, en novembre 1904, à constituer une commission chargée d'étudier « un projet de caisse de chômage organisée sur le modèle du fonds de chômage gantois. »

Le citoyen André Lefèvre, connaissant bien tous les écueils à éviter pour adapter le système de Gand à la ville de Paris, fit, le 7 novembre 1904, une proposition habile parce que prudente. Sur sa demande, le Conseil municipal mit en réserve un crédit de 25,000 francs qui sera employé après étude faite par des spécialistes et en tenant compte de la solution adoptée par l'État sur la question.

Dès que le décret du 9 septembre 1905 aura donné ses premiers résultats, le citoyen André Lefèvre ne manquera de reprendre son projet et de le faire aboutir.

A Lyon, l'intervention de la ville est un fait acquis. Une proposition déposée, au cours de la discussion du budget de 1903, par le maire, le citoyen Augagneur, fut adoptée par le Conseil municipal, sur rapport très favorable du citoyen Fagot. Le système lyonnais repose sur la cotisation. « La subvention de la ville, dit l'art. 5 du règlement, sera calculée uniquement d'après le montant des cotisations individuelles. En aucun cas elle ne pourra être supérieure aux recettes provenant des cotisations. » La proportion de la subvention est fixée chaque année par le Conseil municipal. Le règlement fixe l'indemnité maximum à 2 francs par jour et sa durée à deux mois chaque année.

En prenant la cotisation comme mesure de la subvention, le système lyonnais stimule directement l'effort des intéressés, mais il ne tient pas compte de l'intensité du chômage dans chaque profession. En outre, il favorise plutôt les ouvriers qui peuvent verser les plus fortes cotisations. Aucun comité spécial, comprenant des administrateurs des caisses de chômage subventionnées, n'a été institué pour donner un avis sur la répartition des subventions et le fonctionnement du service. C'est une grave lacune, à notre avis, car l'expérience de Gand prouve que les bons résultats obtenus dans cette ville sont essentiellement dus au comité chargé d'administrer le crédit.

Quoi qu'il en soit, il sera intéressant de suivre l'expérience de Lyon, étant donné l'importance industrielle de cette grande cité.

Pour l'année 1905, le crédit municipal est de 5,000 francs. La cotisation de chaque adhérent sera doublée par la subvention jusqu'à concurrence de 1 franc par mois.

Quelques autres villes ont récemment voté des subventions aux caisses de chômage.

La ville de Reims a inscrit à son budget de 1904 un crédit de 5,000 francs, dont la répartition se fait depuis le 1er mai de la même année. La proposition a été soumise au conseil municipal par trois conseillers, dont le citoyen Lefèvre, qui est membre du Conseil supérieur du travail. Le règlement est une copie presque intégrale du système de Gand. L'indemnité journalière est majorée par la ville de 0 fr. 75 au maximum. La subvention pour le même chômeur ne peut dépasser 25 francs par an. La Bourse du travail centralise les pièces à produire, reçoit les subventions et les répartit entre les caisses. Une commission, présidée par le maire et composée de trois conseillers municipaux et de trois ouvriers choisis par les syndicats intéressés, est chargée de vérifier l'emploi de la subvention.

De mai à décembre 1904, 9 caisses syndicales de chômage ont reçu 976 fr. 90 de subventions pour 1,327 jours chômés par 111 ouvriers.

Au budget de 1905, la subvention inscrite est de 8,000 francs.

A Amiens, où la question avait été étudiée avec soin par l'ancien conseil municipal socialiste, sur un rapport du citoyen Mallebranque, un crédit de 500 francs figure au budget de 1905. Il sera réparti à la fin de l'année au prorata des secours accordés par les caisses de chômage.

En décembre 1904, la ville de Tarbes a ouvert un crédit de 500 francs au profit des caisses de chômage fondées dans cette ville.

Enfin, le conseil général du Cher, par délibération du 21 août 1903, a porté de 2,200 à 2,700 francs sa subvention annuelle aux Bourses du travail de Bourges, Vierzon et Mehun-sur-Yèvre. Les 500 francs d'augmentation sont destinés à soutenir les caisses de chômage que viennent de fonder les Bourses du travail de ces trois localités. La municipalité de Vierzon accorde en outre une subvention de 200 francs à la caisse de chômage de la Bourse de cette ville.

Les résultats obtenus en 1904 par ces caisses de chômage fondées par des Bourses du travail, c'est-à-dire par des syndicats de professions les plus diverses, sont très modestes. Ils ne permettent pas de porter un jugement sur une institution qui s'écarte si complètement des règles admises jusqu'ici, surtout à l'étranger, en matière de caisses de chômage, règles dont la principale est que les adhérents d'une caisse doivent appartenir à la même industrie, sinon à la même profession[1].

Au Parlement. — Vote du crédit de 110,000 fr. — Le Conseil supérieur du travail demandait le concours de l'Etat en faveur des caisses de chômage au mois de novembre 1903. Il l'a obtenu par la loi de finances du 22 avril 1905 qui ouvre un crédit de 110,000 francs à répartir entre les caisses ayant versé des indemnités à leurs adhérents depuis le 1er janvier de l'année. Le Parlement ne pouvait pas faire à la demande du Conseil supérieur un accueil plus empressé.

Deux propositions de loi, tendant à donner satisfaction au Conseil supérieur, étaient déposées sur le bureau de la Chambre des députés les 17 et 20 mai 1904. La première était signée par M. Chaumet qui avait pris part à la discussion du Conseil supérieur, et par deux de ses collègues, MM. Dormoy et Siegfried. La seconde émanait de MM. Dubief et Millerand. Renvoyées l'une et l'autre à la Commission d'assurance et de prévoyance sociales, le prési-

---

1. Pour renseignements complets sur les subventions accordées récemment aux caisses syndicales de chômage, voir Crosson du Cormier : *les Caisses syndicales de chômage en France et en Belgique*, p. 164 ; voir aussi *Bulletin de l'Office du travail*, n° de juin 1905.

dent de la Commission, M. Millerand, se chargeait lui-même du rapport qu'il déposait le 21 octobre 1904. La Commission et son rapporteur demandaient l'ouverture d'un crédit de 100,000 francs.

Dans la séance de la Chambre du 30 novembre 1904, au cours de la discussion du budget, le citoyen Vaillant interpella le ministre du Commerce sur la nécessité de mesures immédiates en faveur des chômeurs. Dans sa réponse, le ministre, M. Trouillot, rappela les résolutions du Conseil supérieur et la proposition de la Commission d'assurance et de prévoyance sociales tendant à ouvrir un crédit pour subventions aux caisses de chômage, puis il lut une lettre du ministre des Finances contenant cette déclaration : « Je ne crois pas devoir m'opposer à l'inscription dans le budget de 1905 du crédit dont il s'agit, qui d'ailleurs aurait été déjà admis par la Commission du budget ». Le ministre des Finances demandait que le règlement des subventions fût établi par un décret contresigné par lui.

Profitant des dispositions favorables du gouvernement, M. Millerand intervint dans le débat pour demander la réalisation immédiate du projet :

« Je crois que la proposition que nous vous apportons et sur laquelle je vous demanderai, messieurs, la permission de m'expliquer en quelques mots, est tout au moins une préface nécessaire à l'organisation d'une assurance qui, je l'indiquerai, ne saurait utilement être en ce moment mise à l'étude. . . . .

« Toute la philosophie de ce système, son principe essentiel est le suivant : proportionner les subventions de l'État à l'effort de l'initiative privée . . . .

« Il n'est pas douteux — la fédération du livre en fournit un exemple topique — que la fédération, l'union des caisses associées est un système de beaucoup préférable à la caisse isolée ; et c'est pourquoi une des conclusions du Conseil supérieur du travail qui passera, je n'en doute pas, dans le décret dont nous a parlé M. le ministre du Commerce, est que la subvention de l'Etat soit plus élevée pour les fédérations que pour les syndicats, parce que l'effort de la fédération est plus utile que celui de la caisse isolée . . . .

« Ce n'est, à coup sûr, qu'une solution transitoire, mais c'est une solution transitoire qui ne compromet rien, qui aide l'initiative privée, qui encourage les associations ouvrières et qui permet à ceux qui, dès à présent, comme la fédération du livre, comme la fédération des mécaniciens, et comme beaucoup de syndicats particuliers, ont fait un effort, de trouver près de l'Etat le concours qui leur est dû. . . . .

« Il est indispensable, si l'on veut que l'œuvre que nous entreprenons vive et devienne florissante, que toutes les sociétés aient un droit égal, dans les mêmes conditions, au crédit de l'État et qu'il ne puisse, sous aucun prétexte, y avoir de faveur pour personne. . . . .

« Mais, en même temps qu'elle (la commission) poursuit ce but, elle en poursuit un autre qui n'est pas moins important, à mes yeux, pour les destinées de ce pays. Loin d'endormir, comme nous en accusent des critiques plus ardents que réfléchis, loin d'endormir les énergies ouvrières, nous les éveillons, nous les stimulons. Mais — et c'est peut-être le grief secret qu'on ne nous pardonne pas — nous travaillons à les détourner des agitations verbales et vaines pour les orienter vers des besognes de réalité et de paix.

« Nous voulons habituer les syndicats ouvriers à travailler au grand jour, à mériter le concours des pouvoirs publics par l'utilité de leur propre effort et, en agissant ainsi, nous croyons coopérer à une œuvre qui, dans une démocratie comme la nôtre, mérite plus qu'aucune autre de solliciter le cœur et l'esprit de tous les hommes politiques dignes de ce nom : l'organisation, l'éducation des masses populaires ![1] »

Après ce discours, vivement approuvé, la cause était gagnée et le crédit de 110,000 francs, jugé suffisant pour la première année, fut voté sans discussion au Sénat comme à la Chambre des députés.

Conformément à l'article 55 de la loi de finances, les ministres du Commerce et des Finances, après avoir pris l'avis d'une commission spéciale comprenant deux ouvriers, préparèrent le décret fixant les règles de la répartition du

1. *Journal officiel*, Chambre, 30 novembre 1904, p. 2274 et suivantes.

crédit et les conditions d'organisation et de fonctionnement à remplir par les caisses de chômage. M. Dubief, ministre du Commerce, eut ainsi la satisfaction de faire signer le décret du 9 septembre 1905 qui réalise un projet auquel, comme membre du Conseil supérieur du travail, il a personnellement travaillé.

CHAPITRE VI

LE DÉCRET DU 9 SEPTEMBRE 1905

Il faut analyser en détail le décret du 9 septembre 1905[1] pour connaître le régime des subventions, l'étendue et la limite du droit conféré aux caisses de chômage et les conditions que celles-ci devront remplir pour prendre part à la répartition du crédit.

Principes généraux. — Définition du chômage. — Le droit aux subventions est formel. Les caisses, dit l'article 1er, « participent aux subventions de l'Etat » lorsqu'elles satisfont aux conditions déterminées par le décret. Les recommandations sont inutiles. Une caisse a droit ou n'a pas droit à la subvention, selon qu'elle satisfait ou non aux prescriptions du décret. Ce principe, placé en tête du règlement, garantit l'indépendance des caisses et de leurs représentants.

« Le chômage involontaire par manque de travail donne seul droit aux subventions de l'Etat ». Toutes les autres formes du chômage sont écartées : le chômage volontaire, c'est-à-dire la grève, comme celui qui résulte de la maladie, d'un accident du travail ou d'une absence quelconque de l'atelier, par exemple

1. Voir le texte du décret, page 202.

pour accomplir une période d'instruction militaire.

L'indemnité de chômage peut être : 1° un secours sur place ou indemnité de chômage proprement dite ; 2° un secours de route ou viaticum ; 3° un secours de déplacement ou indemnité versée lors du départ de la localité. Une caisse n'est pas tenue de verser les trois sortes d'indemnités pour participer aux subventions ; il suffit qu'elle verse à ses chômeurs l'une de ces trois indemnités. Le service de viaticum d'une fédération a donc droit aux subventions au même titre qu'une caisse fédérale allouant des secours sur place.

Organisation des caisses. — Aux termes de l'article 2, la caisse de chômage normalement constituée est celle qui se compose « de membres appartenant à la même profession, des métiers similaires ou des professions connexes ». Il résulte, en effet, des expériences faites jusqu'ici, et rappelées dans les précédents chapitres, que la caisse de chômage doit avoir une base professionnelle. Le risque de chômage étant à peu près le même pour tous les ouvriers d'une profession, la cotisation, dans une caisse professionnelle, est en rapport aussi étroit que possible avec la dépense ; en d'autres termes, la prime individuelle est proportionnelle au risque collectif. Il est plus facile, dans la caisse professionnelle, de procurer du travail aux chômeurs et, d'autre part, le contrôle nécessaire est à la fois plus efficace et moins désagréable. Enfin, l'esprit de solidarité, beaucoup plus vif entre ouvriers de même profession, facilite singulièrement la création et le fonctionnement de la caisse professionnelle. Pour ces motifs, la règle prescrite par le décret nous paraît pleinement justifiée.

La caisse doit comprendre au moins 100 membres actifs ne devant pas plus de trois mois de cotisations. Ce minimum, qui nous semble plutôt un peu faible, est évidemment imposé comme garantie de vitalité et de fonctionnement régulier.

La caisse professionnelle ne comprenant que 50 membres sera pourtant subventionnée par l'Etat, mais à la condition qu'elle soit subventionnée par la commune. On admet que la caisse qui a obtenu le concours de la commune présente des garanties suffisantes, même si elle ne compte que 50 adhérents.

Le régime repose sur la caisse professionnelle, mais il souffre une exception en faveur des petites localités. Dans les communes de moins 20,000 habitants, la caisse composée de membres des professions les plus diverses a également droit aux subventions de l'Etat, à la double condition qu'elle groupe 50 membres et qu'elle soit subventionnée par la commune. Dans les petites villes, il y a trop peu d'ouvriers de même profession pour former et faire vivre une caisse professionnelle locale. Seule la caisse fédérale permettrait de respecter la règle, les quelques ouvriers de chaque métier formant alors une section de la caisse fédérale. En attendant le développement des caisses fédérales, les ouvriers de métiers différents, dans les petites villes, pourront constituer entre eux, par l'intermédiaire de la bourse du travail, par exemple, une caisse interprofessionnelle qui, si elle obtient le concours de la commune, sera subventionnée par l'Etat. Le décret s'adapte ainsi à la situation embryonnaire des caisses de chômage.

Le 4e paragraphe de l'article 2 vise les caisses de secours de route fondées, non par des personnes comme celles des paragraphes précédents, mais par des associations de personnes. Ces caisses, alimentées par une cotisation globale de chaque association adhérente, peuvent être fondées par des associations d'ouvriers des professions les plus diverses. Elles peuvent allouer des secours de route aux ouvriers de passage, c'est-à-dire à des ouvriers qui ne font partie ni de la caisse, ni des associations qui l'ont formée. La subvention de l'Etat est acquise à ces caisses, même si elles ne sont pas subventionnées par les communes. Une seule condition est prescrite : les ressources normales des associations adhérentes doivent provenir des cotisations versées par les membres de ces associations; en d'autres termes, cette caisse de viaticum doit être une œuvre de solidarité et non une œuvre de charité.

Un certain nombre de bourses du travail ont institué des caisses de viaticum au profit des ouvriers syndiqués de passage dans la localité. Elles rentrent dans cette quatrième catégorie, ainsi que la caisse de viaticum que la Fédération des bourses du travail se propose de fonder.

Deux sortes de caisses de secours de route seront donc subventionnées : la caisse professionnelle et la caisse fondée par des association d'ouvriers, soit de la même profession, soit de professions diverses.

En résumé, la subvention est allouée : 1° aux caisses professionnelles comprenant 100 membres au moins ; 2° aux caisses professionnelles ne comprenant que 50 membres, si elles sont subventionnées par la commune ; 3° dans les villes de moins de 20,000 habitants, aux caisses interprofessionnelles comprenant 50 membres au moins, si elles sont subventionnées par la commune ; 4° aux caisses de secours de route formées par des associations et non par des personnes et quelle que soit la profession des membres de ces associations.

Il n'est pas besoin d'ajouter que la caisse fédérale est une caisse de la première catégorie, même lorsqu'elle ne verse que des secours de route à ses adhérents.

L'article 2 définit les divers modes d'organisation de la caisse de chômage, mais il ne parle pas des associations qui ont pu la former, ni des associations auxquelles la caisse peut être annexée. Par suite, la caisse indépendante de toute association, la caisse annexée à une société de secours mutuels ou à une société philanthropique ont les mêmes droits que la caisse annexée à une fédération, à un syndicat ou à une bourse du travail.

Chaque caisse doit remettre un exemplaire de ses statuts ou règlements au ministère du Commerce et lui communiquer toute modification (art. 3).

La caisse est tenue d'assurer un service gratuit de placement des chômeurs (art. 4). Les caisses exclusivement ouvrières remplissent cette condition par le fait même de leur existence.

Pour participer aux subventions, la caisse doit fonctionner, c'est-à-dire recevoir des cotisations, depuis six mois (art. 5).

Clauses statutaires. — Les statuts ou règlements doivent indiquer :

1° Ceux de la caisse allouant des secours sur place : le chiffre de la cotisation, le montant et la durée des indemnités et, s'il y a lieu, le montant de l'indemnité de départ.

2° Ceux de la caisse allouant des secours de route ou viaticum : le mode de calcul et le taux de l'indemnité (exemple 5 centimes par kilomètre ou 2 francs par jour dans chaque localité ou section), le maximum de chaque indemnité et la somme totale que le voyageur peut toucher dans une période déterminée, par exemple au cours d'une année.

On remarque que, d'après l'article 6, la caisse de viaticum n'est pas tenue de fixer une cotisation spéciale pour ce service. Au contraire, la caisse allouant des secours sur place doit fixer, dans les statuts, le taux de la cotisation affectée au service du chômage.

Les statuts des caisses de chômage ou de viaticum, d'après l'article 7, doivent en outre contenir les dispositions suivantes :

a) Chaque membre ne peut faire partie que d'une seule caisse, soit pour le chômage, soit pour le viaticum. On comprend l'objet de cette prescription : si un ouvrier faisait partie de plusieurs caisses, la subvention se répéterait plusieurs fois pour le même chômeur.

b) Chaque membre n'a droit à l'indémnité que six mois après son inscription ;

c) Le chômeur est tenu d'accepter l'emploi qui lui est indiqué ;

d) Il est tenu de signer sur un registre trois fois par semaine au moins et pendant les heures de travail. C'est le contrôle exercé par la caisse sur les chômeurs. Cependant, les statuts pourront établir un autre mode de contrôle qui sera accepté s'il offre des garanties équivalentes. Cette dérogation se justifie surtout pour le service des secours de route.

e) Enfin les statuts devront stipuler qu'une pénalité allant jusqu'à l'exclusion sera applicable au chômeur qui, par des moyens frauduleux, aura touché ou tenté de toucher des indemnités. Cette disposition se trouve d'ailleurs dans les statuts de toutes les caisses.

Les dispositions de l'art. 7 ne paraissent pas applicables aux caisses de secours de route visées par le 4ᵉ paragraphe de l'article 2. Elles s'appliquent, au contraire, à toutes les caisses de secours de route formées par des ouvriers et non par des associations d'ouvriers.

Règles de comptabilité. — L'article 8 détermine les règles de comptabilité à observer. Ces règles ne sont pas les mêmes pour le chapitre des recettes et pour le chapitre des dépenses.

En ce qui concerne les recettes, la caisse n'est pas obligée d'inscrire sur un registre spécial les cotisations versées par chaque adhérent. La tenue d'un livre de cotisations par la caisse de chômage, en effet, ferait double emploi dans la plupart des cas. La caisse de chômage est presque toujours annexée à un syndicat, et comme l'adhésion à la caisse est généralement obligatoire pour les membres du syndicat, la cotisation est unique ou plutôt indivise pour le syndicat et pour tous les services de celui-ci : caisse de grève, caisse de chômage, etc. Comme par le passé, le trésorier pourra faire une seule inscription par cotisation versée. Pour connaître le nombre des adhérents à la caisse de chômage, il suffira de compter le nombre des cotisants, et pour connaître le produit des cotisations spéciales à la caisse de chômage, il n'y aura qu'à multiplier le nombre des cotisations versées par la cotisation indiquée par les statuts comme afférente au service du chômage exclusivement.

Faire une double inscription pour chaque adhérent n'aurait pas grand inconvénient dans une caisse de chômage annexée à un syndicat comprenant 150 ou 200 membres. Cette double inscription entraînerait un travail considérable et parfaitement inutile dans une caisse annexée à un syndicat groupant 2 et 3.000 membres : par exemple la caisse du syndicat des typographes de Paris qui, en janvier 1905, comptait 3.049 membres payant, en même temps et obligatoirement, la cotisation syndicale et celle de la caisse de chômage ; il serait d'autant plus excessif d'exiger un registre spécial des cotisations que cette caisse, comme toutes celles qui sont bien organisées, publie un compte rendu détaillé de toutes ses opérations.

Tout en permettant de faire une seule inscription pour une cotisation destinée à la fois à la caisse de chômage et à un ou plusieurs autres services, l'article 8 stipule que la caisse qui usera de cette facilité devra établir, comme toute autre caisse, le nombre de ses membres, le produit des cotisations perçues et justifier de l'application de l'article 11 dont nous parlerons bientôt. Si le syndicat juge que cette mesure de contrôle présente des inconvénients pour lui, il lui est facile de l'éviter : sa caisse de chômage n'aura qu'à tenir un livre de cotisations qui lui soit spécial, et ce livre sera le seul sur lequel le contrôle puisse s'exercer.

L'article 18 dispense les caisses qui ne font que le secours de route de toute règle de comptabilité relative aux cotisations. Les services de viaticum des fédérations pourront donc établir en toute liberté le chapitre de leurs recettes.

En ce qui concerne les dépenses de chômage ou de viaticum, la comptabilité, dans tous les cas, doit être « entièrement distincte » de celle de tout autre service, soit de la caisse, soit de l'association dont elle fait partie. Les dépenses causées par la grève, la maladie ou tout autre motif ne peuvent pas être mélangées avec les dépenses de chômage. Cette règle qui se justifie d'elle-même est d'ailleurs appliquée dans les caisses existantes.

Limites de la subvention. — Le décret aurait pu fixer des règles relatives au taux et à la durée de l'indemnité de chômage et stipuler notamment, conformément au vœu du Conseil supérieur du travail, que l'indemnité ne doit pas dépasser la moitié du salaire courant dans la profession. Il ne contient aucune prescription de cet ordre. Les caisses détermineront librement, comme par le passé, le taux et la durée de l'indemnité.

Les articles 9 et 10 limitent la subvention et non l'indemnité. Si celle-ci est supérieure à 2 francs par jour, la subvention ne sera calculée que sur 2 francs. Exemple : les caisses des lithographes de Paris versent à leurs chômeurs une indemnité de 3 fr. 50 par jour ; la subvention ne sera calculée que sur 2 francs pour chaque indemnité versée. Il va sans dire que les indemnités inférieures ou égales à 2 francs n'entreront dans le calcul de la subvention que pour leur chiffre réel : l'indemnité d'un franc, par exemple, ne donnera droit qu'à une subvention calculée sur la base d'un franc.

Le mécanisme du calcul est le même en ce qui concerne la durée de l'indemnité. Si cette durée dépasse 60 jours par année ou période de douze mois, « la subvention ne portera que sur les indemnités allouées à chaque chômeur pendant 60 jours ». Par conséquent, lorsque la durée dépasse 60 jours, la subvention ne portera que sur les indemnités versées à chaque chômeur pendant ces 60 jours, et lorsque la durée est inférieure ou égale à 60 jours, la subvention portera sur le nombre réel des journées indemnisées.

Le crédit budgétaire ne devant pas être dépassé, cette double limite permet de le répartir d'une façon plus équitable ; sans elle, en effet, les caisses fortement organisées absorberaient une partie proportionnellement élevée du crédit, au détriment des caisses — et ce sont les plus nombreuses — allouant une indemnité, soit de faible importance, soit pendant une courte durée.

Le décret ne se prononce pas explicitement sur le cas suivant : Dans une caisse fédérale, le taux ou la durée de l'indemnité peut être inférieur à la limite fixée par le décret, mais certaines sections de cette caisse fédérale versent à leurs propres chômeurs une indemnité complémentaire. Le fait se produit dans les deux caisses fédérales existantes. Dans celle du livre, l'indemnité est de 2 francs pendant 36 jours par an, mais de nombreuses sections allouent, sur leurs propres ressources, une indemnité aux chômeurs qui ont épuisé l'indemnité fédérale. Dans la caisse fédérale des mécaniciens, l'indemnité est de 1 fr. 50 par jour pendant huit semaines par an ; or, la section de Paris alloue, en outre, 0 fr. 50 par jour, soit une indemnité totale de 2 francs.

Il y a lieu, à notre avis, d'interpréter les articles 9 et 10 dans un sens favorable aux sections. Du moment que l'indemnité fédérale n'atteint pas l'une ou l'autre des deux limites, les sections ont droit à la subvention jusqu'à concurrence de ces limites.

Les sections pourront-elles toucher directement la subvention qui leur est due ? Nous ne le croyons pas. Les sections ne peuvent participer directement aux subventions sans que des abus puissent se produire. Mais la caisse fédérale peut faire valoir leur droit et fournir les pièces à l'appui, d'autant mieux qu'elle est en mesure d'exercer un contrôle efficace sur ces indemnités complémentaires.

Le secours de route nous paraît soumis aux deux limites posées par les articles 9 et 10. Pour les caisses de viaticum à base kilométrique une difficulté peut se produire, mais il sera facile de la résoudre par interprétation du texte : en aucun cas, la subvention ne peut être calculée sur un total d'indemnités supérieur à 120 francs par an pour un même chômeur.

L'article 11 établit une limite d'un autre ordre. Une caisse n'est pas admise aux subventions pour le semestre écoulé si, pendant le semestre, les cotisations versées par les membres actifs ne sont pas au moins égales *au tiers* des indemnités. Toutefois, à titre exceptionnel, les sommes prélevées sur les fonds de réserve pourront être assimilées aux cotisations. Cette disposition, en même temps qu'elle exige des adhérents un effort personnel constant, fait apparaître le caractère de solidarité des caisses de chômage. N'auront droit aux subventions que les caisses mutuelles alimentées par les cotisations des ouvriers dans la proportion minimum de 33 p. 100. Les caisses purement philanthropiques et les œuvres de charité sont écartées, ainsi que les caisses dont un ou plusieurs patrons feraient la plus grande partie des frais.

Les règles relatives aux cotisations, d'après l'article 18, ne sont pas applicables aux caisses qui ne font que le secours de route. Par suite, le même article stipule que les services de viaticum ne sont pas soumis à l'article 11.

Taux de la subvention. — Les articles 12 et 13 règlent le taux de la subvention. Il sera fixé tous les six mois par le ministre du commerce, sans que le ministre puisse dépasser le maximum prévu par l'article 12. Il devra abaisser le taux au-dessous du maximum si les crédits ne sont pas suffisants. Il ne pourra jamais le dépasser.

Ce maximum est de 16 p. 100, ou un peu plus de 1/6° du montant des indemnités versées par chaque caisse pendant le semestre, en tenant compte, bien entendu, des deux règles posées par les articles 9 et 10.

Les caisses fédérales jouissent d'un traitement beaucoup plus avantageux : le maximum de 16 p. 100 « est majoré de moitié pour les caisses fonctionnant dans trois départements au moins et comptant 1,000 membres actifs au minimum ». Lorsque le taux atteindra le maximum de 16 p. 100, les caisses fédérales toucheront donc 24 p. 100, soit près du quart des indemnités. Ce rapport de 2 à 3 sera constant. Si le taux est abaissé à 14 p. 100, les caisses fédérales auront droit à 21 p. 100 ; s'il est abaissé à 12, elles recevront 18 p. 100 du montant des indemnités.[1]

Le crédit budgétaire est divisé en deux parties égales, afférentes à chacun des semestres. Pour 1905, le crédit étant de 110,000 francs, une somme de 55,000 francs est à répartir sur chacun des semestres, sans que l'on puisse reporter sur le second la somme non répartie au cours du premier.

Le taux n'est pas, comme à Gand, fixé à l'avance. Lorsque les caisses ont envoyé les pièces réglementaires, la commission chargée de préparer la répartition du crédit totalise les indemnités versées au cours du semestre, puis elle propose un taux de répartition en tenant compte du total des indemnités et du crédit disponible. Le taux est fixé par le ministre avant la répartition. Sa décision est publiée au *Journal officiel* et au *Bulletin de l'Office du travail*. Aucune faveur n'est possible : le taux est unique pour toutes les caisses, soit locales, soit fédérales, et la subvention de celles-ci est uniformément majorée de moitié ou 50 p. 100, aussi bien pour le secours de route que pour le secours sur place.

---

1. Ce maximum de 16 p. 100 nous paraît trop faible. Il semble qu'on eût encore observé la prudence convenable en fixant le maximum à 20 p. 100 pour les caisses locales et 30 p. 100 pour les caisses fédérales.

Pièces à fournir. — Les subventions sont payables par semestre échu (art. 14) ; par suite, les subventions afférentes aux indemnités versées pendant un semestre ne seront délivrées qu'au cours du semestre suivant ; cela revient à dire que les caisses auront à faire l'avance des subventions.

D'après l'article 15, la caisse doit envoyer, chaque semestre, au ministère du Commerce, un état indiquant :

a) Le nombre des membres actifs. (Les caisses visées par le 4ᵉ paragraphe [de l'art. 2 remplaceront le nombre des membres actifs par le nombre des associations adhérentes à la caisse) ;

b) Le produit des cotisations du semestre ;

c) Les recettes diverses ;

d) Le nombre des chômeurs indemnisés, des journées de chômage et le montant total dés secours sur place ;

e) Le nombre et le montant des indemnités de départ ; le nombre et le montant des secours de route ;

f) Ce paragraphe exige une mention spéciale. Il stipule que la caisse doit fournir, pour chaque jour ou pour chaque semaine du semestre, au choix de la caisse, un état indiquant le nombre des chômeurs indemnisés. C'est la pièce la plus difficile à remplir ; c'est aussi celle qui permet le contrôle des opérations. C'est en somme un relevé du registre contenant les signatures des chômeurs indemnisés. On peut faire ce relevé par jour ou seulement par semaine. Dans le système journalier, le trésorier de la caisse inscrira le nombre des chômeurs indemnisés pour chacun des 180 jours du semestre. Dans le système hebdomadaire, il inscrira le nombre des chômeurs indemnisés pour chacune des 26 semaines du semestre. En d'autres termes, l'état contiendra, avec des dates correspondantes, 180 compartiments dans un cas et 26 dans l'autre, que le trésorier devra remplir d'après le registre des chômeurs. Les caisses divisées en sections, c'est-à-dire les caisses fédérales, devront fournir ce relevé journalier ou hebdomadaire des chômeurs pour chacune de leurs sections.

Il y a lieu de noter que les caisses n'ont pas à fournir les noms des chômeurs.

L'état financier doit indiquer, le cas échéant, les fonds de réserve de la caisse.

La sincérité de l'état doit être certifiée par la signature des membres du bureau.

Pour faciliter leur rédaction et assurer leur uniformité, les états à remplir seront fournis par le ministère.

Un certain nombre de caisses font imprimer des comptes rendus détaillés de leurs opérations qui offrent toutes garanties, en raison de leur publicité. Aux termes de l'article 16, par autorisation ministérielle, après avis de la commission spéciale, ces comptes rendus pourront être admis, s'ils contiennent des détails suffisants, à remplacer les relevés exigés par l'article 15.

Les relevés ou les comptes rendus devront être adressés au ministère dans un délai de six semaines après la fin du semestre, soit avant le 15 août pour le premier semestre et avant le 15 février pour le second. La caisse qui n'enverra pas les pièces dans le délai légal peut être écartée de la répartition pour le semestre correspondant.

Mesures de contrôle. — « Les reçus individuels des sommes versées aux chômeurs devront figurer sur des registres à souche ou à émargement. Les reçus devront contenir toutes les indications propres à justifier la dépense » (art. 17). Les indications essentielles sont évidemment le nom du chômeur, la somme versée, le nombre de jours indemnisés et leurs dates ainsi que la date du reçu.

« Les caisses sont tenues de fournir au ministre du commerce les explications qui leur seront demandées et, le cas échéant, de laisser contrôler la comptabilité spéciale au chômage involontaire » (art. 19). Un contrôle sur place, limité à la comptabilité spéciale du chômage, peut donc avoir lieu. « Toute fraude ou tentative de fraude expose la caisse qui s'en est rendue coupable à une exclusion temporaire prononcée par arrêté ministériel, après avis de la commission. La commission, avant de donner son avis, doit provoquer les explications écrites ou verbales des administrateurs de la caisse. »

Commission des caisses de chômage. — Une mission très importante est confiée par le décret à la commission des caisses de chômage. Elle est chargée de préparer la répartition du crédit et de donner son avis sur toutes les difficultés qui se produiront. Aux termes des articles 20 et 21, elle se compose de onze membres nommés chaque année par le ministre et se répartissant comme suit : un sénateur, un député, cinq fonctionnaires (trois du ministère du commerce et deux du ministère des finances) et quatre administrateurs de caisses de chômage.

Ces derniers seront, au sein de la commission, les représentants des caisses de chômage. Ils ne sont pas désignés par celles-ci ; il eût été difficile, en effet, de faire élire dès le début quatre délégués par l'ensemble des caisses intéressées.

L'exemple de Gand prouve que la commission peut avoir une grande influence sur le régime des caisses subventionnées. Si le service fonctionne bien, s'il donne rapidement des résultats appréciables et favorise ainsi l'extension des caisses de chômage en ce pays, le mérite en reviendra pour une large part à la commission.

Rapport annuel. — Un rapport « sur le fonctionnement du service et la répartition du crédit » sera publié chaque année au *Journal officiel* et au *Bulletin de l'Office du travail.* Il permettra de suivre de près la marche du service et d'apprécier ses résultats. Il contribuera sans aucun doute à faire pénétrer parmi les travailleurs syndiqués l'utilité des caisses de chômage ;

d'autre part, en renseignant l'opinion publique, il la rendra favorable à cette institution de haute valeur sociale si, comme il est permis de l'espérer, elle acquiert bientôt un développement suffisamment en rapport avec le concours financier que lui donne l'État.

Dispositions transitoires. — Un crédit étant inscrit au budget de l'exercice 1905, les caisses de chômage existantes ont le droit de toucher des subventions pour les indemnités versées par elles depuis le 1er janvier de cette année. Cependant, le décret fixant les conditions à remplir et prescrivant l'insertion de diverses clauses dans les statuts de chaque caisse n'a été signé que le 9 septembre dernier. Les caisses existantes n'auront donc pu, lors de la première répartition, satisfaire aux prescriptions d'un décret qu'elles ne connaissaient point.

L'article 23 résout la difficulté. « A titre transitoire, et pour l'année 1905, le ministre pourra, après avis de la commission, accorder aux caisses dispense d'une ou plusieurs prescriptions du présent décret ».

Le régime de transition sera sans doute aussi large que possible et il est probable que les caisses n'ayant pas des statuts entièrement conformes aux prescriptions du décret seront admises pour la plupart à participer aux subventions de l'année 1905, si elles rentrent dans l'une des catégories prévues par l'article 2 et si elles ont versé des indemnités depuis le début de l'année. Les caisses doivent néanmoins considérer que les règles générales du décret seront mises en vigueur dès 1905. Les articles 9 et 10, entre autres, seront appliqués immédiatement et, par conséquent, la subvention sera calculée sur une indemnité maximum de 2 francs par jour pendant 60 jours par an.

Telle est l'économie du décret du 9 septembre 1905. Toutefois, le régime qu'il institue n'est que provisoire. On lit, en effet, dans l'exposé des motifs : « Le décret que nous vous demandons d'approuver n'est d'ailleurs pas définitif, c'est un décret d'attente et d'essai ». Les auteurs du décret se montrent ainsi disposés à modifier le règlement dès que son application en aura prouvé la nécessité. Il est certain qu'en une matière aussi neuve, aussi délicate, il était à peu près impossible d'établir du premier coup le régime légal convenable ; d'autre part, il faut savoir gré aux auteurs du décret de leur intention d'adapter la règle légale à l'évolution spontanée des caisses de chômage et non de soumettre ces institutions, dès leur naissance, au risque d'enrayer leur développement, à un règlement rigide et immodifiable.

En établissant un droit à la subvention de l'État, en considérant la caisse professionnelle comme la caisse de chômage normale, en prescrivant la répartition du crédit sur une base uniforme pour toutes les caisses et en accordant un traitement plus avantageux à la caisse fédérale, le décret du 9 septembre 1905 tient compte, à notre avis, de tous les éléments connus du régime des caisses subventionnées et, s'il est perfectible, sans aucun doute, nous le croyons propre à atteindre le but poursuivi : venir en aide aux chômeurs qui auront fait un effort pour se prémunir contre les conséquences du manque de travail et leur venir en aide par l'intermédiaire d'une caisse fondée, administrée et alimentée par les travailleurs eux-mêmes. Et il semble bien que donner ainsi un droit nouveau à la classe ouvrière et subordonner l'exercice de ce droit d'abord à un effort personnel, puis à une responsabilité collective, c'est, de la part de l'État, faire un pas dans la voie du véritable progrès.

CHAPITRE VII

L'AVENIR DE LA CAISSE FÉDÉRALE

Il serait ridicule de prétendre que, par une subvention annuelle de 100,000 francs, l'État va sérieusement venir en aide aux chômeurs. Les auteurs de la réforme n'ont jamais eu la naïveté de le croire. Pour s'en convaincre, il suffit de lire le compte-rendu du débat qui a précédé le vote du crédit.

Ce crédit ne saurait suffire à calmer les souffrances des travailleurs dans une crise de chômage quelque peu intense. Il ne peut pas même atténuer les conséquences du chômage ordinaire, puisque le nombre moyen des chômeurs oscille entre 300 et 440,000 chaque année. Le crédit adopté n'est pas un remède ; ce n'est qu'un palliatif — même si, comme on peut l'espérer, la somme est plus tard augmentée.

Le crédit est simplement destiné à subventionner les caisses de chômage fondées et administrées par les travailleurs. Or, l'institution est fort peu développée en France et l'on sait, par l'expérience de l'Angleterre elle-même, que les ouvriers dont la situation est la plus précaire, justement par suite de chômages trop fréquents, ne peuvent prélever une cotisation un peu forte sur leur maigre salaire. Il en est ainsi pour les ouvriers de l'alimentation et du vêtement ; quant aux ouvriers du bâtiment, ils auront beaucoup de mal à fonder des caisses de chômage. On voit combien la réforme est modeste : un petit nombre de travailleurs, ceux qui auront pu et qui auront su faire un effort collectif, c'est-à-dire les mieux doués ou les plus favorisés, seront seuls encouragés et soutenus par l'État.

Étant donnée la faible efficacité d'une subvention de l'État, serait-il préférable que cette intervention ne se fût pas produite ? Personne ne voudra le soutenir, pas même les ouvriers militants qui attribuent en principe une influence déprimante et même malfaisante à toute intervention de l'État. Cette intervention sera bienfaisante, même si elle ne profite qu'à la dixième partie des sans-travail. Sur 300,000 chômeurs, il vaut mieux en préserver 30,000 que de n'en préserver aucun.

Un certain nombre d'ouvriers, — l'enquête de 1902 dit qu'ils ne sont encore que 30.000 — se garantissent mutuellement une indemnité quotidienne en cas de chômage. L'État intervient en leur faveur et s'engage à rembourser une partie de la dépense. Il seconde un effort méritoire en même temps qu'il engage les autres travailleurs à suivre cet exemple. Son intervention se produit sous la forme, non d'une faveur, mais d'un droit. Il respecte ainsi l'indépendance et la dignité ouvrières. Il va plus loin. Sachant la supériorité de la caisse fédérale sur la caisse locale, il décide que la subvention à la première sera toujours de 50 p. 100 plus forte que la subvention à la seconde. Il veut enfin que des administrateurs de caisses de chômage, c'est-à-dire des représentants des intéressés eux-mêmes, fassent partie de la commission chargée de préparer la répartition du crédit. S'ils ne sont pas élus par leurs pairs, il y a lieu de croire cependant que ces quatre représentants seront toujours choisis parmi les hommes compétents et autorisés.

Le régime des caisses subventionnées, tel qu'il est défini par le décret du 9 septembre 1905, peut produire un effet utile. D'après l'enquête de 1902, sur 30,297 adhérents aux 149 caisses, 3,900 ont chômé pendant 85,000 journées dans l'année, et ils ont reçu 188,940 francs d'indemnités. Aux termes du décret, la subvention maximum de l'État est fixée à 16 p. 100 du total des indemnités pour les caisses locales et 24 p. 100 pour les caisses fédérales. En 1902, la seule caisse fédérale existante, celle du Livre, a versé 55,755 francs[1]. Sur la base de 24 p. 100, elle eût touché 13,381 francs ; les caisses locales, ayant versé 145,148 francs d'indemnités, la subvention, à raison de 16 p. 100, eût été de 23,223 francs, soit un total de 36,604 fr. En divisant cette somme par le nombre des chômeurs (3,935), la subvention pour chacun eût été de 9 fr. 30 sur une indemnité moyenne de 48 fr. ; en d'autres termes, sur un franc d'indemnité,

---

1. Cette somme comprend le montant des indemnités pour les deux services : chômage et viaticum.

l'État remboursera au maximum 24 centimes dans un cas et 16 centimes dans l'autre.

L'esprit particulariste. — La subvention de l'État, sans aucun doute, fera naître un grand nombre de caisses de chômage ; mais il est à craindre que ce ne soit que de simples caisses locales, c'est-à-dire des caisses annexées, dans chaque profession, au petit syndicat de la localité.

Le décret du 9 septembre 1905 favorise beaucoup le développement purement local de l'institution. Il admet à participer aux subventions les caisses professionnelles qui ne comptent que 100 adhérents, et ce nombre est même réduit à 50 pour les caisses subventionnées par la municipalité. En outre, par exception à la règle expérimentale d'après laquelle la caisse, pour fonctionner convenablement, doit avoir le caractère professionnel, les caisses locales comprenant des membres de toutes les professions, dans les communes de moins de 20,000 habitants, seront également subventionnées par l'État si elles le sont par les municipalités.

Plus encore que le décret, notre esprit particulariste favorise la caisse locale. Pour bien prouver que l'homme n'a pas l'esprit logique, le Français aime à la fois les idées générales et les associations minuscules. Nos pensées embrassent l'univers et l'humanité, mais le plus souvent l'association dont nous faisons partie ne doit pas dépasser les barrières de l'octroi. Nous voulons connaître personnellement ses administrateurs et critiquer leurs moindres actes sous prétexte de contrôler leur gestion. D'ailleurs, plus les groupes sont nombreux, plus il y a de chance pour chacun d'être élu. Et puis, si nous adhérons à une société, c'est à condition d'avoir le trésorier à portée de la main. Que deviendraient nos six francs de cotisations s'ils étaient versés dans une caisse centrale à 4 ou 600 kilomètres de nous ! Ils auraient une chance, celle d'être plus en sûreté, mais il n'importe. Petit groupe, petit effort, petit résultat, tels sont les caractères distinctifs de la plupart de nos associations.

Dans les syndicats ouvriers, l'esprit particulariste se fait peut-être un peu moins sentir que dans les autres associations de ce pays ; il y entrave cependant la formation et le développement des fédérations nationales. Si le syndicat se décide à adhérer à la fédération de la profession, c'est à la condition que celle-ci respecte son autonomie, c'est-à-dire sa chétive individualité.

L'esprit mutualiste. — S'ils s'opposent à la fédération nationale, le particularisme local, l'esprit de clocher suscitent des difficultés beaucoup plus grandes à la caisse fédérale de chômage. Mais cette institution rencontre des obstacles d'un autre ordre qui ne sont pas moins sérieux. Elle est combattue, dans son principe même, par une partie des syndicalistes. Ils lui reprochent de faire dévier le syndicat, de lui faire oublier son objet propre qui est de préparer, par un combat incessant, une société nouvelle et meilleure pour les générations de demain. Sous une forme concrète, ils lui reprochent d'être une institution de secours mutuels, et, comme telle, de substituer un esprit mutualiste à l'esprit de résistance qui est et doit être l'essence du syndicalisme.

Par un subterfuge de nom, déclare le citoyen Bastet[1], l'on arrive à propager l'action mutualiste, non pas à côté de l'action syndicale, mais bien parmi ses membres et l'on espère par là que l'action mutualiste syndicale est meilleure que l'autre.

Est-ce que le syndicalisme a pensé un seul instant de renverser le régime capitaliste que nous subissons pour le remplacer par un nouveau régime qui aurait changé de nom, mais qui aurait les mêmes défauts, les mêmes tares et surtout le même principe ? Non, ce n'est pas cette conception qu'a le syndicalisme, et pas un délégué n'a cette conception, et c'est pourtant ce que l'on voudrait nous faire admettre par le mutualisme syndical.

Ceux qui veulent faire du mutualisme peuvent le faire dans n'importe quelle société mutualiste, car ce n'est pas telle ou telle société mutualiste qui est mauvaise, c'est le principe lui-même qui est mauvais, et ici nous voulons éviter aux syndicats de se lancer ou plutôt de lancer leurs adhérents dans cette mauvaise voie.

Nous disons qu'au contraire tous les syndicats doivent combattre par tous les moyens possibles le mutualisme et non le propager.

Si des camarades sont victimes du patronat, me dira-t-on, cela leur rendra service. Eh bien ! nous disons que ce ne sera pas nos sociétés, plus ou moins mu-

---

1. Rapport soumis au XIe Congrès de l'Union fédérale des ouvriers métallurgistes de France, Paris, 1903 ; p. 124 du compte rendu.

tuelles, qui lui permettront de vivre et, dans cette période de chômage que nous subissons, que de camarades vont se dire victimes du patronat ; si vous refusez de leur allouer le secours qui leur est dû, ce sera la division, la haine, la délation que vous allez introduire dans une sorte d'antichambre du syndicat. Non, vous ne le ferez pas ; vous êtes trop clairvoyants pour tomber dans un pareil piège [1].

Sans exprimer leur pensée sous une forme aussi absolue, de nombreux syndiqués partagent l'opinion du citoyen Bastet. Ils sont persuadés que le mutualisme, même appliqué au chômage, est un danger pour l'esprit syndical. L'objection vaut qu'on s'y arrête, car elle contient, à notre avis, une part de vérité.

Un syndicat consacrant le meilleur de son activité et la plus grande partie de ses ressources à des œuvres de mutualité n'aurait plus du syndicat que le nom. Il serait inapte à défendre les intérêts généraux de sa profession, c'est-à-dire à remplir son objet primordial. Il ne serait qu'un groupement d'égoïstes, de satisfaits, incapables d'efforts collectifs allant jusqu'au sacrifice de leurs intérêts personnels. Pour tout dire, le syndicat intransigeant, révolutionnaire, nous paraît préférable au syndicat purement mutualiste. Le premier est animé par l'esprit syndical. On dira qu'il l'exagère et que dépasser le but en visant trop haut c'est encore le manquer. C'est vrai ; mais le choc des réalités, l'expérience

1. Il faut dire que, dans le même congrès, la caisse de chômage a trouvé des défenseurs et que la résolution votée n'est pas hostile à l'institution.

— cette grande institutrice — et surtout les responsabilités le ramèneront, tôt ou tard, à la mesure, à la pondération nécessaires et l'obligeront à acquérir une notion plus exacte des faits sociaux. Quand au second, lorsque l'esprit mutualiste parvient à atrophier en lui l'esprit de résistance, ce n'est plus qu'un syndicat de contrefaçon.

Entre le syndicat révolutionnaire, qui se complaît dans l'idéal et le rêve au point de négliger le présent et ses dures réalités, et le syndicat mutualisé qui concentre tout son effort sur les institutions de secours et d'assistance, il y a place pour un troisième syndicat se tenant à égale distance des deux premiers et, par suite, conciliant leurs tendances contraires. C'est la théorie du juste milieu, très facile à décrire.... et fort difficile à appliquer.

*
* *

Loin de nuire à l'esprit syndical, le mutualisme peut le fortifier, si l'on sait trouver, en chaque cas particulier, la dose convenable : c'est une question de mesure.

Malgré l'exemple de l'Angleterre, il n'est pas certain que le syndicat puisse, sans inconvénient, créer des caisses de retraite ou d'invalidité. Sous cette forme, la dose de mutualisme paraît excessive ; elle peut altérer l'esprit de résistance et faire dévier le syndicat.

Il n'y a plus à parler de caisses de secours pour les victimes des accidents du travail, la réparation des dommages étant mise par la loi, d'une manière plus ou moins satisfaisante, à la charge exclusive de l'industrie.

Pour la maladie, la question est assez complexe, car il y a des arguments pour et contre la création de caisses spéciales de secours mutuels par les syndicats. D'une façon générale et sauf un certain nombre d'exceptions, la maladie est un risque humain et non un risque professionnel. Par suite, la société composée de personnes de toutes conditions et de toutes professions est préférable à la société professionnelle, puisqu'elle réduit au minimum le coût moyen de la dépense par membre. En outre, pour assurer le contrôle, il n'est pas indispensable que la société de secours mutuels soit à base professionnelle, l'état de maladie étant presque toujours facile à vérifier.

Dans les professions insalubres, malsaines ou très pénibles, les ouvriers ne peuvent former des sociétés professionnelles de maladie, car la cotisation nécessaire à couvrir les dépenses dépasserait beaucoup le taux moyen ; l'effort serait trop grand. La société de secours mutuels n'a d'ailleurs pas à résoudre le problème de la maladie professionnelle. Lorsqu'elle est suffisamment caractérisée, la maladie professionnelle devrait être, comme on le propose, assimilée par la loi à l'accident du travail, afin que le dommage causé, au lieu d'être supporté par les ouvriers, soit mis à la charge de l'industrie.

Dans les professions ordinaires, au contraire,

une caisse de maladie peut être avec avantage annexée au syndicat ou à la fédération. Elle leur attache, par un lien matériel, les indifférents, les timorés, les égoïstes. Comme ceux-ci sont toujours nombreux dans une profession quelconque, leur adhésion est indispensable pour donner à la fédération le nombre, c'est-à-dire la force.

En dehors du service de maladie, dont l'utilité est contestable au moins en certains cas, il faut dire un mot d'une institution connexe, trop peu développée : la caisse des veuves et des orphelins. La femme de l'ouvrier est en général hostile à l'idée syndicale ; elle empêche son mari, sinon de donner son adhésion, du moins de verser la cotisation et surtout d'assister aux réunions syndicales. La caisse de maladie est un moyen de rendre la femme favorable au syndicat. A défaut de cette caisse, le syndicat ou la fédération, s'il veut gagner la sympathie si précieuse de la femme, doit fonder une caisse qui assure à la veuve et aux orphelins, au moment du décès du chef de famille, une indemnité d'une certaine importance. En un si grand malheur, cette indemnité, outre le service qu'elle rend à la famille, est propre à toucher le cœur des autres femmes et, par conséquent, à transformer leur hostilité ou leur méfiance en estime pour le syndicat lui-même.

Quant à la caisse de chômage, il est aisé de montrer que cette institution mutualiste, loin de nuire à l'esprit syndical, est éminemment propre à le fortifier.

D'abord, la caisse de chômage retient l'adhérent par un intérêt personnel : c'est le ciment qui relie les unités et les empêche de se dissocier à la moindre alerte. Comme le moi, l'intérêt personnel est haïssable. Admettons-le, encore que la théorie ne soit pas absolument admise. Il n'empêche que l'homme est ainsi fait : il a un cerveau, mais il a aussi un estomac ; or, les exigences de ce dernier sont telles que, pour le satisfaire, l'ouvrier a tôt fait d'oublier les principes. En vérité, il faut choisir. Ou le syndicalisme demeurera à l'état embryonnaire, sporadique ou bien, s'il veut se développer, il tiendra compte de la nature humaine et donnera satisfaction à la fois aux sentiments altruistes et aux besoins personnels de chacun de ses adhérents.

Mais il y a plus et nous soutenons que la caisse de chômage, précisément par son caractère mutualiste, sert directement l'esprit syndical. Elle met l'ouvrier qui chôme en mesure de refuser le travail qui lui est offert au-dessous du salaire normal. Elle lui ôte toute excuse s'il va offrir ses bras à un prix inférieur au tarif syndical. Et comment veut-on que le sans-travail accomplisse ce premier devoir, s'il est tenaillé par la faim, lui et surtout les siens ? Comment veut-on qu'il résiste individuellement à un abus, à une injustice, aux vexations d'un contre-maître, si cette résistance entraîne, avec la perte de son emploi, la gêne et bientôt la misère dans son ménage ?

L'indemnité de chômage est la condition du

respect de l'esprit syndical. Sans elle, il est presque impossible d'obtenir et surtout de conserver le *standard of life*, c'est-à-dire la situation morale et matérielle désirée par le syndicat ou établie par lui au prix d'efforts quelquefois opiniâtres et d'une vigilance incessante. Si la fameuse loi de l'offre et de la demande s'applique à l'ouvrier si rigoureusement, c'est parce que, à défaut de l'indemnité de chômage, il ne peut lui opposer aucun contrepoids.

La fédération, plus encore que le syndicat, doit posséder un service de chômage, si elle veut devenir une force. Mais la difficulté consiste à prévenir les empiètements de cette institution mutualiste, à la maintenir à sa place. Théoriquement, cette place est facile à déterminer. Le service du chômage doit être subordonné à l'esprit de résistance, ou esprit syndical, dont il ne doit jamais contrecarrer les vues ni les desseins : simple instrument au service d'une idée supérieure, il doit être placé et maintenu au second plan. Tenir compte de l'intérêt individuel ne veut pas dire sacrifier l'intérêt collectif ; c'est au contraire servir et défendre celui-ci plus efficacement. Du point de vue syndical, la caisse de chômage est un moyen excellent, mais ce n'est qu'un moyen. Le but, que la fédération ne doit jamais oublier, ni même négliger, consiste à défendre avant tout les intérêts généraux de la profession.

L'histoire du trade-unionisme prouve que cette méthode est la bonne et qu'il est possible et même facile de la mettre en pratique. On a vu, au chapitre III, le développement considérable que les Fédérations anglaises ont donné au service du chômage. On sait, en outre, que le mutualisme en général tient une très grande place dans le syndicalisme anglais. Il se peut que la caisse de retraite, dans certaines Fédérations, alourdisse trop le système. L'esprit syndical n'en reste pas moins le principe directeur de ces Fédérations colossales. On ne saurait dire le contraire (comme il arrive quelquefois en France) sans commettre une erreur que l'ignorance du mouvement anglais peut excuser, mais qu'il est facile de rectifier. Sans parler du salaire, plus élevé en Angleterre qu'en tout autre pays industriel de l'Europe, la durée du travail y est plus courte : d'une manière générale, les ouvriers anglais travaillent neuf heures par jour ou, plus exactement, la durée du travail est de 54, 52, 50 et même 48 heures par semaine, suivant les professions et les localités. D'autre part, le contrat collectif, ce résultat décisif du syndicalisme, remplace le contrat individuel dans de nombreuses professions, et les Fédérations ouvrières discutent les conditions du travail d'égal à égal avec les patrons.

En Allemagne, où le service du chômage se développe très rapidement, voici les observations qu'il suggère au citoyen Legien, secrétaire de la commission générale des 63 Fédérations syndicales (Gewerkschaften) :

« Certes, les dépenses de chômage et de viaticum constituent pour les Fédérations des charges énormes. Aux époques de crise, certaines Fédérations ont dû payer des indemnités de chômage que des esprits superficiels pourraient trouver démesurées. Les institutions de secours, qu'on ne l'oublie pas, constituent une arme de combat, tout aussi bien que les autres institutions syndicales. Elles doivent empêcher une baisse de salaire en fournissant aux chômeurs le moyen de subsister ; elles préviennent ainsi de grandes grèves qui ne manqueraient pas d'éclater et qui, en fin de compte, coûteraient plus cher aux Fédérations que le paiement des secours de chômage. Ces grèves tendraient, non pas à obtenir une augmentation, mais à retrouver des salaires perdus. C'est pour cela que la caisse de chômage n'est pas seulement une institution de solidarité humaine, mais constitue encore un moyen d'améliorer les conditions du travail. »[1]

Emanant d'un militant qui occupe, en Allemagne, la première fonction syndicale, cette justification de l'utilité *syndicale* des caisses de chômage est propre à frapper les syndiqués français.

Mais voici beaucoup mieux qu'une opinion personnelle. Le dernier Congrès international des ouvriers en métaux s'est nettement prononcé en faveur des institutions de prévoyance et de mutualité. Ce Congrès eut lieu à Amsterdam, en août 1904. Les délégués parlaient au nom de 419,350 ouvriers de 11 nations de l'Europe. La France était représentée par un délégué de

---

1. *Correspondenzblatt*, 27 mai 1905.

l'Union fédérale des ouvriers métallurgistes et un délégué de la Fédération des mécaniciens. Sur la proposition du délégué de la Suisse, la résolution suivante fut adoptée à l'unanimité moins une voix, celle du délégué de l'Union fédérale des métallurgistes de France :

Le Congrès international des ouvriers sur métaux déclare que les institutions de prévoyance et de mutualité sont le moyen le plus sûr de faire progresser l'organisation dans les syndicats ouvriers [1].

Pour les ouvriers européens des professions du métal, l'une des plus grandes branches de l'industrie, la question est donc, en principe, définitivement tranchée.

Les sociétés de secours mutuels et le chômage. — Si les syndicats et surtout les fédérations hésitent trop longtemps à s'engager dans la voie de la caisse de chômage, reculant ainsi devant l'effort que cette institution exige, le syndicalisme en souffrira sûrement.

Atténuer les conséquences du chômage est un problème posé dorénavant devant l'opinion publique et, pour le résoudre, l'Etat vient de s'engager à donner son concours financier aux caisses, à toutes les caisses de chômage. Le décret du 9 septembre 1905 considère la caisse à base professionnelle comme le type normal ; mais, sous cette condition (qui comporte d'ailleurs une exception), les subventions seront al-

---

1. Le *Réveil des Mécaniciens*, 1er septembre 1904.

louées, non seulement aux caisses fédérales et syndicales, mais aussi aux caisses indépendantes, aux caisses semi-patronales et aux caisses fondées par les sociétés de secours mutuels. Les caisses indépendantes et semi-patronales ne prendront sans doute aucune importance. Il n'en sera pas de même pour les caisses de chômage des sociétés de secours mutuels ; d'autant moins que le problème a été posé devant le monde mutualiste dès 1903.

On sait que la loi du 1er avril 1898 autorise les sociétés de secours mutuels à fonder des caisses de chômage dans les conditions suivantes :

Elles peuvent, en outre, accessoirement, créer au profit de leurs membres des cours professionnels, des offices gratuits de placement et *accorder des allocations en cas de chômage,* à la condition qu'il soit pourvu à ces trois ordres de dépense au moyen de cotisations ou de recettes spéciales. (Loi de 1898, art. 1er, parag. 2).

En novembre 1903, c'est-à-dire au moment même où le Conseil supérieur du travail étudiait la question des caisses de chômage, le Conseil supérieur de la mutualité examinait un vœu déposé par l'un de ses membres, M. Lacroix, de Bordeaux, et demandant « que l'article 1er de la loi du 1er avril 1898 soit interprété dans un sens plus large et plus libéral, et qu'au lieu de considérer les caisses de chômage involontaire comme de simples services annexes des sociétés mutuelles, ces sociétés, ayant pour but spécial et exclusif les secours en cas de chômage involontaire, reçoivent l'approbation ».

Sur rapport de M. Cavé, le Conseil supérieur de la mutualité n'adopta pas le vœu de M. Lacroix. Il fut d'avis que la question était prématurée, mais le rapporteur s'est montré très sympathique à ce vœu, et il exprima le désir « qu'une réforme législative vienne à brève échéance lui donner satisfaction ». Et l'auteur de la proposition ajoute : « Ces déclarations sont faites pour nous permettre d'affirmer que, bientôt, du domaine théorique, la solution du problème passera dans le domaine de la pratique, pour le plus grand bien des travailleurs mutualistes » [1].

Une concurrence va donc s'organiser, dans le domaine des caisses de chômage, entre les mutualistes et les syndiqués. L'intérêt des chômeurs ne permet pas de le regretter. C'est aux syndicats et aux fédérations à ne pas se laisser distancer par les sociétés de secours mutuels. Celles-ci se trouvent d'ailleurs, sur ce terrain, en état d'infériorité. Il est beaucoup plus facile au syndicat d'organiser une caisse de chômage qu'à la société de secours mutuels. Le syndicat se constitue naturellement sur une base professionnelle ; la société de secours mutuels, au contraire, comprend des membres de toutes professions. Cependant, de nombreuses mutuelles sont professionnelles ; elles pourront donc fonder, comme les syndicats, des caisses de chômage qui auront droit à la subvention de l'Etat. De plus, étant données l'importance et l'activité

---

1. *L'Avenir de la Mutualité*, 17 sept. 1904.

de certaines sociétés de secours mutuels interprofessionnelles, il leur sera facile de fonder, pour la profession principale de la localité notamment, une caisse de chômage réservée à ceux de leurs adhérents qui appartiennent à cette profession principale.

Si, par la faute des syndiqués, la caisse de chômage se développe à l'intérieur de la mutualité, les difficultés du recrutement syndical augmenteront certainement, mais là ne se bornera point le dommage pour le syndicalisme. Le service du chômage — le présent travail contribuera peut-être à le prouver — fait partie intégrante de l'œuvre syndicaliste, et l'on peut dire que syndicat et caisse de chômage sont les deux aspects inséparables d'une organisation ouvrière. En un mot, laisser le champ libre à la mutualité en matière de caisse de chômage, cela équivaut à faire subir au syndicalisme une véritable amputation.

Les militants, espérons-le, malgré l'aversion que leur inspire le mutualisme, sauront conjurer ce danger. Pour l'écarter tout à fait, il ne suffirait pas de fonder de simples caisses locales. Il faut favoriser la création de caisses fédérales, les seules capables de résoudre le problème.

Les caisses fédérales en formation. — A cet égard, il nous est agréable de noter le mouvement qui se dessine en faveur de la caisse fédérale.

Il n'existe actuellement, nous l'avons dit, que deux caisses fédérales : celle du livre et celle des mécaniciens. Dans la lithographie, s'il n'y a pas encore une caisse fédérale, les statuts fédératifs imposent aux sections, ou syndicats locaux, l'obligation de créer une caisse de chômage avec indemnité de 2 francs par jour.

La caisse fédérale est dès maintenant à l'étude dans deux autres Fédérations, celle des cuisiniers et celle des employés.

Au congrès tenu par la Fédération culinaire, en octobre 1904, à Lyon, un projet présenté par le citoyen Soulery, délégué d'Alger, et portant création de caisses de maladie, de chômage et de viaticum fut l'objet d'un débat important. La cotisation n'est actuellement que de 25 centimes par mois, plus un franc par an ; elle serait portée à 3 francs par mois. Le projet, malgré le taux très élevé de la cotisation, fut bien accueilli par les délégués. Il ne fut pas adopté définitivement par le congrès, mais celui-ci donna mission au comité de préparer le réglement et de le soumettre à l'approbation des sections assez tôt pour qu'il pût être appliqué à partir de janvier 1906 [1]. Le réglement, qui implique une réorganisation de la Fédération culinaire, vient d'être adressé aux sections et il est à peu près certain qu'une caisse fédérale de maladie, chômage et viaticum fonctionnera chez les cuisiniers à partir de l'an prochain.

Chez les employés, la question est moins avancée. Au congrès tenu en 1903, à Amiens,

---

1. Travaux du 9ᵉ congrès culinaire, Lyon, octobre 1904.

par la Fédération nationale des employés, un
projet de caisse fédérale de chômage fut présenté par le citoyen Cleuet. Après discussion,
il fut renvoyé à l'étude des sections avec avis
favorable. L'étude préparatoire n'était pas
achevée lors du congrès de 1904, mais le comité
n'oublie pas le projet. Il estime même « que
l'heure est venue de l'étudier avec la volonté
d'aboutir. Il n'y a pas de question qui intéresse
plus directement le développement de la Fédération nationale des syndicats d'employés »[1].
La création d'une caisse fédérale de chômage
figurait, en effet, à l'ordre du jour du congrès
que la Fédération tint à Nantes en août 1905. La
proposition suivante, présentée par le citoyen
Martinet, fut adoptée après un grand débat :

Le Conseil fédéral statuera en novembre et il sou-
mettra, le 1er décembre 1905, au referendum de tous les
syndicats fédérés, l'adoption ou le rejet global du projet d'organisation, lequel, s'il est adopté, entrera en
vigueur le 1er janvier 1906[2].

La caisse fédérale assure à ses adhérents,
soit un secours sur place ou indemnité de chômage proprement dite, soit un secours de route
ou de déplacement ; en d'autres termes, la
caisse fédérale comprend deux services dis-
tincts, le service du chômage et le service du
viaticum. Tandis que le service du chômage,
avec ses rouages administratifs très compli-

1. Le *Ralliement des employés*, février 1905.
2. *Ibid.*, septembre 1905.

qués, suppose une fédération fortement constituée, capable d'obtenir de ses membres le
versement d'une cotisation élevée, le service
du viaticum, qui n'exige qu'un faible effort,
peut être institué dès que la fédération est sor-
tie de la période de formation. Le développement naturel d'une caisse fédérale comporte
deux étapes et il peut y avoir imprudence à les
franchir d'une traite, du moins dans les professions où le service du viaticum répond à un
besoin.

Le service du viaticum fonctionne régulièrement dans plusieurs fédérations : Fédération
des mouleurs en métaux, Fédération lithogra-
phique, Société générale des chapeliers, etc.
Il a été créé par la Fédération des industries du
papier (relieurs, cartonniers, papetiers) au
cours de son premier congrès tenu à Lyon en
septembre 1904.

Ce n'est pas tout. Un mouvement se produit,
à l'heure actuelle, en faveur du service de viaticum dans les fédérations d'industries les plus
diverses.

Un service de viaticum a été créé en mai et
juin 1905 : 1° par la Fédération de la maçonne-
rie au congrès de Clermont-Ferrand ; 2° par la
Fédération du bâtiment au congrès de Narbonne ;
3° par la Fédération des sabotiers au congrès de
Châteauroux. La Fédération de la céramique a
examiné l'utilité des caisses de chômage au
congrès de Montauban, en juin 1905. La question du viaticum fut étudiée au congrès de la
Fédération de l'industrie textile qui eut lieu à

Rouen, en août 1905 [1]. Enfin, la question du viaticum est depuis plusieurs années à l'ordre du jour des congrès de l'Union fédérale des métallurgistes, la seule Fédération qui se soit prononcée contre les caisses de chômage au dernier congrès international des métaux. Cette Fédération tint un congrès à Paris, en septembre 1905. La question était inscrite en tête de l'ordre du jour, immédiatement après une proposition tendant à élever la cotisation. Le congrès a porté la cotisation mensuelle de 20 à 30 centimes pour chaque fédéré, puis il a décidé la création d'un service de viaticum assurant une indemnité d'un franc par jour à chaque chômeur en voyage [2]. Par ce vote, l'institution fait un grand pas dans le milieu syndicaliste révolutionnaire.

De son côté, la Fédération des bourses du travail étudie depuis plusieurs années la création d'un service de viaticum adapté à l'organisation des bourses qui, on le sait, comprennent dans chaque ville des syndicats de toutes professions. Examinée au congrès de Bourges (septembre 1904), la question n'est pas encore résolue. Elle soulève de grosses difficultés tenant au double caractère interprofessionnel et local des bourses du travail. On peut même se demander si, entre les bourses du travail, il est possible de créer autre chose qu'un service d'assistance fraternelle aux ouvriers de passage,

1. *Voix du peuple*; n°s 231, 239, 241, 243, 244, 247.
2. *Humanité*, 9 septembre 1905.

service qui d'ailleurs peut avoir une certaine utilité pour les ouvriers des nombreuses professions où la Fédération nationale n'a pas encore institué un service de viaticum.

Certes, le mouvement actuel en faveur des caisses fédérales est assez faible. Il est cependant du meilleur augure. C'est un mouvement spontané : il n'est pas provoqué par l'Etat, puisque la répartition des subventions est à peine commencée. Il se produit dans les industries les plus différentes : alimentation, bâtiment, textiles, métaux et chez les employés de commerce. On peut donc penser que, le concours de l'Etat aidant, ce mouvement est définitivement lancé et qu'il ne s'arrêtera que lorsque toutes les Fédérations auront fondé un service de viaticum, puis un service de chômage.

Note finale. — Contrairement à l'usage, nous n'avons aucune conclusion à formuler. La question du chômage étant à peine posée, d'une manière sérieuse, une conclusion quelconque serait plus que prématurée ; et s'il fallait malgré tout conclure, ce serait pour avouer que ce que nous savons sur cette question est insignifiant par rapport à ce qu'il faudrait connaître pour la traiter avec fruit. En vérité, on connaît très superficiellement le nombre des chômeurs et on ne sait presque rien sur le chômage et ses causes, ses maux et ses remèdes.

On peut comparer les causes du chômage à certains microbes qui ont impunément ravagé le corps humain jusqu'au moment où un homme

de génie, les ayant découverts, a organisé
scientifiquement la lutte contre eux. Comme le
médecin d'autrefois à l'égard des maladies
infectieuses, nous constatons les effets désas-
treux du chômage sur le corps social, mais nous
sommes impuissants à guérir le mal, parce que
ses causes et leurs répercussions nous échap-
pent.

Dès lors, comment tarir les sources du chômage ? comment organiser et maintenir un certain équilibre entre la production et la consom-
mation ? comment établir une certaine stabilité
économique ? Dès que l'on creuse un peu le
problème, on s'aperçoit que sa solution exi-
gera des travaux de première valeur scientifique.

En attendant, comme le mal n'est pas guéri-
sable, les guérisseurs pullulent. Chacun propose un remède et le croit infaillible. Quant
aux travailleurs qui subissent le mal, ils sont
tout naturellement portés à croire à la vertu de
ces onguents, surtout si on les leur présente
sous une forme à la fois très simple et très vio-
lente.

Dans le domaine pratique, la société peut
seulement, à l'heure actuelle, venir en aide aux
sans-travail, c'est-à-dire aux victimes d'un mal
social dont les causes sont encore inconnues ou
très mal connues. Pour ne pas guérir le mal,
cette tâche n'en est pas moins utile. L'homme
ne doit pas attendre et n'attend jamais le moment où il connaît scientifiquement un mal pour
s'efforcer d'en adoucir les effets. On doit en

outre recueillir et classer méthodiquement les
faits et ainsi préparer la ou les véritables solu-
tions, car une solution scientifique ne peut
intervenir qu'après une longue et patiente
observation des faits.

A ce double point de vue, recueillir les faits et
venir en aide aux chômeurs, il est à remarquer
que précisément la caisse de chômage est un
instrument excellent.

Quoi qu'il en soit, il est interdit de prononcer
le mot conclusion quand on sait pertinemment
qu'une étude comme celle-ci laisse entière cette
vaste question du chômage — question que,
d'ailleurs, nous ne nous étions pas proposé de
traiter.

Un autre motif nous impose la même réserve.
Dans la première partie de ce travail, nous avons
fait connaître l'organisation, le fonctionnement
et les résultats des diverses institutions qui
viennent en aide aux chômeurs. En appréciant
la valeur et l'efficacité respectives de ces institutions, nous avons marqué notre préférence
pour la caisse ouvrière, pour la caisse fédérale
en particulier. Cette préférence est motivée ;
elle s'appuie sur des faits précis, sur des résultats certains. Pourtant, si nous avons donné
notre opinion, ce n'est pas pour l'imposer. Un
avis contraire, s'il est réfléchi, peut avoir plus
de prix qu'une approbation non motivée. Notre
opinion est donc soumise à l'examen, à la cri-
tique des lecteurs, et spécialement des syndicalistes militants. Ceux-ci, en définitive, ont seuls
qualité pour donner à ce travail une conclusion,

la meilleure de toutes, puisque seuls ils peuvent fonder des caisses fédérales de chômage,
s'ils estiment après mûr examen que cette institution peut fortifier le syndicalisme.

ANNEXE [1]

Ministère du commerce, de l'industrie, des postes et des télégraphes.

RAPPORT

AU PRÉSIDENT DE LA RÉPUBLIQUE FRANÇAISE

Paris, le 9 septembre 1905.

Monsieur le Président,

Conformément à l'article 55 de la loi de finances du 22 avril 1905, nous avons l'honneur de vous soumettre un projet de décret réglant l'emploi du crédit de 110,000 fr. ouvert au ministère du commerce, de l'industrie, des postes et des télégraphes pour subventions aux caisses de secours contre le chômage involontaire.

Avant d'arrêter les termes de ce projet, nous avons pris l'avis d'une commission spéciale présidée par M. Millerand, président de la commission d'assurance et de prévoyance sociales à la Chambre des députés et comprenant des représentants de nos deux départements et deux administrateurs de caisses de chômage.

Dans ces délibérations, la commission a pris pour guide les vœux émis par le Conseil supérieur du travail dans sa session de 1903 au sujet des caisses de chômage. C'est en effet pour donner satisfaction à ces

---

1. *Journal officiel*, 13 sept. 1905.

vœux que le Parlement a ouvert un crédit pour subventionner ces institutions. Il convenait donc de s'en inspirer pour régler l'emploi du crédit.

Aucune difficulté ne s'est présentée pour définir les caisses de secours contre le chômage involontaire auxquelles s'appliquent les subventions de l'Etat ; le projet comprend sous cette expression toutes les caisses qui viennent en aide à leurs membres en chômage que ce soit par des secours sur place, ou par des secours de route ou de déplacement. Il est en outre formellement stipulé, et c'est là le sens du second paragraphe de l'article 1er, que les subventions s'appliqueront uniquement au chômage involontaire par manque de travail, à l'exclusion de tout autre chômage involontaire et notamment du chômage involontaire par maladie, que ni le Conseil supérieur du travail, ni le Parlement n'ont entendu viser, parce qu'il est déjà l'objet d'importantes subventions inscrites au budget de l'Etat.

Le Conseil supérieur du travail prévoyait plusieurs sortes de subventions aux caisses de chômage : des subventions municipales qui s'appliqueraient aux caisses locales et des subventions de l'Etat qui s'adresseraient surtout aux caisses qui s'étendraient à une ou plusieurs régions ou à la France entière.

Le caractère intercommunal ou interdépartemental de ces caisses régionales ou nationales qui leur enlève beaucoup de chances de participer aux subventions locales, leur est déjà un titre aux subventions de l'Etat. Elles ont en outre sur les caisses locales un certain nombre d'avantages. Le chiffre de leur adhérents est généralement beaucoup plus élevé. D'autre part, comme ces adhérents ne sont pas groupés dans une seule localité, ils peuvent ne pas souffrir du chômage ni en même temps, ni au même degré. A ces divers points de vue, elles se rapprochent davantage des règles techniques qui s'appliquent aussi bien à l'assurance contre le chômage qu'à toutes les autres formes de l'assurance.

C'est pour ces raisons que le projet de décret attribue aux caisses régionales ou nationales, dès qu'elles groupent au moins 1,000 membres répartis sur trois départements, une participation proportionnellement plus grande aux subventions de l'État.

Le projet n'exclut pas cependant les caisses locales de la répartition de ces subventions, parce qu'il a semblé que, tout au moins au début, il convenait d'encourager la création de ces caisses locales encore trop rares actuellement et que l'on peut considérer comme les cellules qui devront donner naissance plus tard aux caisses régionales, que le projet de décret vise plus particulièrement.

D'autre part, le projet n'admet en principe à concourir aux subventions de l'État que les caisses dont les membres appartiennent à la même profession ou à des métiers similaires.

Il nous a paru que ces caisses présentaient le maximum de chances de succès et de garantie de contrôle. Les risques de chômage varient beaucoup avec les professions : dans tel métier, les ouvriers sont occupés régulièrement d'un bout de l'année à l'autre et ne chôment qu'accidentellement ; dans tel autre métier, les ouvriers sont exposés périodiquement à de longues mortes-saisons. Les salaires varient également beaucoup de métier à métier. Il est donc difficile, dans les caisses formées de personnes appartenant à des professions différentes, d'établir d'un façon équitable la cotisation à réclamer à chacun des membres et le chiffre du secours auquel il aura droit. En outre, les caisses professionnelles sont mieux placées que les autres pour contrôler les chômeurs et assurer leur placement.

Une première exception a été faite au principe de la professionnalité des caisses de chômage : elle concerne les caisses fonctionnant dans les communes de moins de 20,000 habitants. Il est en effet difficile dans ces petites communes de trouver cinquante membres de la même profession, chiffre minimum au-dessous duquel il ne semble pas que des caisses de secours contre le chômage puissent normalement fonctionner. Le projet admet donc, dans ces communes, à concourir aux subventions, les caisses de cinquante membres au moins appartenant à des professions différentes, mais à la condition qu'elles soient déjà subventionnées par la municipalité. Une autre exception a été faite en faveur des caisses organisées uniquement en vue des secours de route par des unions d'associations.

Il est bien entendu que les dispositions qui précèdent s'appliquent à toutes les caisses mutuelles, qu'elles soient fondées par des syndicats professionnels, des sociétés de secours mutdels ou autres associations.

Le caractère professionnel est requis, non pas de l'association qui a créé la caisse de chômage, mais de la caisse de chômage proprement dite. Il s'ensuit que des associations non professionnelles pourront parfaitement obtenir pour leurs caisses de chômage le bénéfice des subventions de l'Etat ; il leur suffira de créer dans leur sein, entre ceux de leurs membres qui appartiennent au même métier ou à des métiers similaires, une ou plusieurs caisses de chômage professionnelles.

Les autres dispositions du projet de décret n'ont pas besoin de commentaire et se justifient d'elles-mêmes. Vous remarquerez que le projet de décret donne à la commission chargée de répartir les subventions de l'Etat tous les moyens de contrôle nécessaires pour s'assurer que les conditions imposées pour participer aux subventions ont été bien exactement remplies par les caisses de chômage.

Le contrôle de la commission sera d'ailleurs grandement facilité pour la plupart des grandes caisses régionales, qui sont de beaucoup les plus importantes et pour les petites caisses locales qui sont actuellement les plus nombrenses. Les premières, en effet, ont, dès à présent, l'habitude de publier un compte très détaillé, qui permet de descendre pour ainsi dire jusqu'aux comptes individuels et qui présente toutes les garanties de sincérité désirables. D'autre part, le projet n'admet les caisses locales de plus de cinquante membres et de moins de cent membres à participer aux subventions de l'Etat qu'à la condition qu'elles soient déjà subventionnées par les communes. Les comptes de ces caisses seront l'objet, de la part des municipalités, d'un contrôle qui facilitera naturellement d'autant le contrôle ultérieur de la commission.

Le projet de décret que nous soumettons à votre approbation paraît devoir s'appliquer sans difficulté à toutes les formes de caisses de chômage qui sont actuellement en fonctionnement normal. Nous ne prétendons pas que notre projet puisse s'appliquer à toutes les formes possibles de caisses de chômage. Mais il n'a pas paru à la commission qu'elle eût pour programme de susciter de nouvelles formes n'ayant pas la sanction de l'expérience et de leur donner une vie factice à l'aide de subventions.

Le décret que nous vous demandons d'approuver n'est d'ailleurs pas définitif, c'est un décret d'attente et d'essai. D'une part, il est à espérer que, suivant le vœu du Conseil supérieur du travail, les subventions municipales aux caisses locales iront se développant et que l'Etat aura à intervenir de moins en moins en ce qui les concerne. D'autre part, en ce qui concerne les caisses régionales, l'expérience permettra seule d'adapter le décret aux formes qui se manifesteront avec chance de succès.

Si vous approuvez nos propositions, nous vous prions de vouloir bien revêtir de votre signature le projet de décret ci-joint.

Le ministre du commerce, de l'industrie, des postes et des télégraphes,

F. Dubief.

Le ministre des finances,
Merlou.

DÉCRET DU 9 SEPTEMBRE 1905

Art. 1er. — Les caisses qui viennent en aide à leurs membres en chômage, soit par des secours sur place, soit par des secours de route ou de déplacement, participent aux subventions de l'Etat en faveur des caisses de chômage, lorsqu'elles satisfont aux conditions déterminées par le présent décret.

Le chômage involontaire par manque de travail donne seul droit aux subventions de l'Etat.

Art. 2. — Les subventions sont accordées :

1º Aux caisses composées de membres exerçant la même profession, des métiers similaires ou des professions connexes concourant à l'établissement de produits déterminés, à condition que le nombre des membres soit de 100 au minimum ;

2º Aux caisses locales composées comme les précédentes et comprenant au moins 50 membres, à condition qu'elles soient subventionnées par les communes ;

3º Dans les communes de moins de 20,000 habitants, aux caisses locales composées de membres appartenant à diverses professions, à condition qu'elles soient subventionnées par les communes et comprennent au moins 50 membres.

4º Aux caisses organisées en vue des secours de route par des unions d'associations et alimentées par des cotisations globales de chaque association adhérente, à condition que les ressources normales de ces associations soient constituées par les cotisations de leurs membres.

En ce qui concerne les caisses visées par les trois premiers paragraphes, ne sont considérés comme adhérents que les membres actifs ne devant pas plus de trois mois de cotisation.

Art. 3. — A l'appui de sa première demande, chaque caisse doit fournir au ministère du Commerce un exemplaire de ses statuts et règlements.

Toute modification apportée aux statuts ou règlements doit être aussitôt communiquée au ministère du Commerce.

Art. 4. — La caisse doit assurer un service gratuit de placement des chômeurs.

Art. 5. — Les caisses n'ont droit aux subventions qu'après avoir fonctionné pendant six mois.

Art. 6. — Les statuts ou réglements des caisses allouant des secours sur place doivent fixer la cotisation par membre actif affectée au service du chômage involontaire, le montant et la durée des indemnités de chômage et, le cas échéant, le montant des indemnités de départ.

Les statuts ou réglements des caisses allouant des secours de route doivent établir le mode de calcul et le taux de ces secours, le maximum de chaque indemnité et la somme qu'un membre actif, et, dans le cas du paragraphe 4 de l'article 2, un chômeur, peut toucher dans une période déterminée.

Art. 7. — En outre, les statuts ou réglements devront contenir les dispositions suivantes :

a) Chaque membre actif ne peut faire partie que d'une seule caisse de chômage pour chaque nature de secours ;

b) Il n'a droit à l'indemnité que six mois après son inscription à la caisse;

c) Le chômeur est tenu d'accepter l'emploi de sa profession qui lui est indiqué par la caisse ;

d) Il est tenu de signer trois fois par semaine au moins, aux heures de travail, sur un registre déposé au siège de la caisse ou aux endroits désignés par elle. Toutefois, la commission prévue à l'article 20 pourra accepter un autre mode de contrôle inscrit dans les statuts et offrant des garanties équivalentes, notamment en ce qui concerne les secours de route ;

e) Le chômeur qui, par des moyens frauduleux, aura touché ou tenté de toucher les indemnités est, suivant le cas, exclu de la caisse ou privé de ses droits pendant un temps déterminé.

Art. 8. — Si les cotisations par membre actif affectées au service du chômage involontaire ne sont pas inscrites sur un registre spécial, la caisse doit justifier de l'application de l'article 11.

La comptabilité des dépenses de chômage involontaire doit être entièrement distincte de celle des autres services de la caisse ou de l'association.

Art. 9. — Si l'indemnité de chômage est supérieure à 2 fr. par jour, la subvention ne sera calculée que sur cette dernière somme.

Art. 10. — Si la durée de l'indemnité de chômage dépasse 60 jours par période de 12 mois, la subvention ne portera que sur les indemnités allouées à chaque chômeur pendant 60 jours.

Art. 11. — Une caisse n'est pas admise à participer aux subventions pour le semestre écoulé si, pendant le semestre, les cotisations versées, au titre du chômage involontaire, par les membres actifs ne sont pas au moins égales au tiers des indemnités allouées aux chômeurs.

Toutefois, à titre exceptionnel, les sommes prélevées par une caisse sur ses fonds de réserve pourront être assimilées aux cotisations.

Art. 12. — La subvention ne peut dépasser 16 p. 100 du montant des indemnités versées, en conformité des statuts, par chaque caisse pendant le semestre, sous réserve des règles posées aux articles 9 et 10.

Ce maximum est majoré de moitié pour les caisses fonctionnant dans trois départements au moins, et comptant 1,000 membres actifs au minimum.

Art. 13. — Le crédit alloué par la loi de finances est divisé en deux parties égales afférentes à chaque semestre. Pour chaque répartition semestrielle, le ministre du Commerce fixe, conformément à l'article 12, le taux d'après lequel le crédit est réparti entre les caisses. La décision ministérielle est insérée au *Journal officiel* et au *Bulletin de l'Office du travail.*

Art. 14. — Les subventions sont payables par semestre échu.

Art. 15. — Les caisses doivent envoyer, six semaines au plus après chaque semestre, un état fourni par l'administration et dûment certifié, indiquant :

a) Le nombre des membres actifs, ou, pour les caisses visées au quatrième paragraphe de l'article 2, le nombre des associations adhérentes ;

b) Le produit des cotisations ;

c) Les recettes diverses ;

d) Le nombre des chômeurs, des journées de chômage et le montant total des secours sur place ;

e) Le nombre et le montant des indemnités de départ et des secours de route ;

f) Pour chaque jour ou chaque semaine du semestre, le nombre des chômeurs indemnisés. Les caisses divisées en sections fourniront ce renseignement par section.

L'état contiendra, s'il y a lieu, l'indication des fonds de réserve de la caisse.

Art. 16. — Les relevés prévus par l'article précédent pourront être remplacés, en vertu d'une autorisation ministérielle, après avis de la commission des caisses de chômage, par un exemplaire du compte financier de la caisse, lorsque celui-ci est publié et contient des détails suffisants.

Art. 17. — Les reçus individuels des sommes versées aux chômeurs devront figurer sur les registres à souche ou à émargement. Les reçus devront contenir toutes les indications propres à justifier la dépense.

Art. 18. — Les articles 8, paragraphe 1er et 11, ne sont pas applicables aux caisses qui ne font que le secours de route.

Art. 19. — Les caisses sont tenues de fournir au ministre du Commerce les explications qui leur seront demandées et, le cas échéant, de laisser contrôler la comptabilité spéciale au chômage involontaire..

Toute fraude ou tentative de fraude expose la caisse qui s'en est rendue coupable à une exclusion temporaire prononcée par arrêté ministériel après avis de la commission.

La commission, avant de donner son avis, devra provoquer les explications écrites ou verbales des administrateurs de la caisse.

Art. 20. — Il est institué une commission des caisses de chômage composée comme suit :

1 sénateur ;

1 député ;

Le directeur du travail ;

Le directeur de l'assurance et de la prévoyance sociales, ou son délégué ;

Le directeur général de la comptabilité publique, ou son délégué ;

Un inspecteur des finances ;

Le sous-directeur du travail ;

Quatre représentants des caisses de chômage.

Art. 21. — Les membres de la commission des caisses de chômage seront nommés chaque année par le ministre du Commerce.

Un arrêté ministériel règlera les détails du fonctionnement de la commission.

Art. 22. — Le rapport annuel sur le fonctionnement du service et la répartition du crédit sera inséré au *Journal officiel* et au *Bulletin de l'Office du travail*.

Art. 23. — A titre transitoire et pour l'année 1905, le ministre pourra, après avis de la commission, accorder aux caisses dispense d'une ou plusieurs prescriptions du présent décret.

Art. 24. — Le ministre du Commerce, de l'Industrie, des Postes et des Télégraphes et le ministre des Finances, sont chargés, chacun en ce qui le concerne, d'assurer l'exécution du présent décret, qui sera publié au *Journal officiel* et inséré au *Bulletin des lois*.

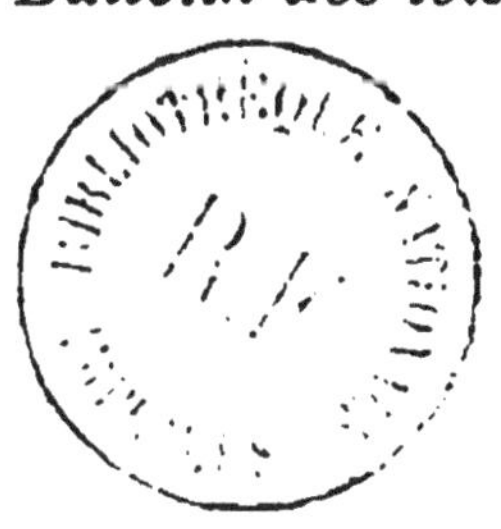

TABLE DES MATIÈRES

PITHIVIERS. — IMP. L. GAUTHIER

SOCIÉTÉ NOUVELLE DE LIBRAIRIE ET D'ÉDITION

BIBLIOTHÈQUE SOCIALISTE

La **Bibliothèque socialiste**, dont la *Société Nouvelle de librairie et d'édition* a entrepris la publication, comprend des œuvres de propagande et de doctrine, des études historiques et biographiques, des réimpressions et des traductions d'ouvrages socialistes importants, etc.

La **Bibliothèque socialiste** forme une série de volumes in-16 d'un format commode et d'une impression soignée.

La **Bibliothèque socialiste** *paraît par numéros de cent pages,* les œuvres étendues comprenant, s'il y a lieu, deux ou trois numéros (200 ou 300 pages).

Prix du numéro O fr. 50. Franco à domicile 0 fr. 60. Le numéro double 1 fr. ; franco 1 fr. 20. Le numéro triple 1 fr. 50 ; franco 1 fr. 80.

POUR PARAITRE PROCHAINEMENT :

PAUL LOUIS

LE COLONIALISME